高等职业教育汽车运用与维修技术专业教材

汽车电工电子技术

贺如发　黄国润　主　编
高窦平　谢家良　副主编

人民交通出版社股份有限公司
China Communications Press Co.,Ltd.

内 容 提 要

本书主要内容包括电工电子技术基础认知、电路认知与检测、电流电位与电压的计算、欧姆定律验证、电阻串并联特点验证、电阻认知与测量、基尔霍夫定律验证、电容器认知与检测、电磁现象认知、交流电路认知、二极管认知与检测、二极管的伏安特性验证、三极管认知与检测、三极管的放大特性认知、三极管的开关特性认知、整流电路认知、滤波电路认知、稳压电路认知。

本书可作为职业院校汽车运用与维修技术专业的教材,也可供汽车维修人员及相关技术人员参考使用。

图书在版编目(CIP)数据

汽车电工电子技术/贺如发,黄国润主编.—北京:人民交通出版社股份有限公司,2020.1
ISBN 978-7-114-16241-1

Ⅰ.①汽… Ⅱ.①贺… ②黄… Ⅲ.①汽车—电工技术—高等职业教育—教材②汽车—电子技术—高等职业教育—教材 Ⅳ.①U463.6

中国版本图书馆 CIP 数据核字(2020)第 009778 号

书　　　名:	汽车电工电子技术
著 作 者:	贺如发　黄国润
责任编辑:	郭　跃
责任校对:	张　贺　宋佳时
责任印制:	张　凯
出版发行:	人民交通出版社股份有限公司
地　　　址:	(100011)北京市朝阳区安定门外外馆斜街 3 号
网　　　址:	http://www.ccpress.com.cn
销售电话:	(010)59757973
总 经 销:	人民交通出版社股份有限公司发行部
经　　　销:	各地新华书店
印　　　刷:	北京市密东印刷有限公司
开　　　本:	787×1092　1/16
印　　　张:	10.75
字　　　数:	247 千
版　　　次:	2020 年 1 月　第 1 版
印　　　次:	2020 年 1 月　第 1 次印刷
书　　　号:	ISBN 978-7-114-16241-1
定　　　价:	27.00 元

(有印刷、装订质量问题的图书由本公司负责调换)

前言 FOREWORD

  高等职业教育是现代国民教育体系的重要组成部分,在实施科教兴国战略和人才强国战略中具有特殊的重要地位。党中央、国务院高度重视发展高等职业教育。改革开放以来特别是近几年来,汽车行业迅猛发展,产销量大幅增长,各职业院校根据市场需求相继开设了汽车运用与维修技术专业,选择适用的课程教材对于院校专业建设至关重要,本书是在院校各级领导的通力合作下,各位教师、技术专家的大力协助下编写而成。

  本书在编写时突出教材的实用性,注重基础,精心组织。先介绍理论知识,再介绍实际验证及检测步骤,弱化定量分析计算,加强实践性内容教学,旨在提高学生的职业素质,培养学生的实际工作能力及创新意识,使教材更具有实用性。全书包括 18 个项目,主要介绍了汽车电工电子技术的基础知识。

  本书由云南交通运输职业学院(云南交通技师学院)贺如发、黄国润、高窦平、谢家良负责完成,祝秀彪、唐道娟、刘丽美、王高峰、白鹏飞也参与了本书的编写。

  本书可作为高等职业院校汽车技术专业的基础教学用书,也可作为电工电子专业培训用书和相关技术人员的参考书。

  最后对所有支持编写的人致谢,对所引用的书籍的作者表示感谢。

  由于编者水平和经验有限,难免存在缺点和疏漏,恳请广大读者批评指正,交流探讨,以便修改补充。

编　者

2019 年 7 月

目 录 CONTENTS

项目一　电工电子技术基础认知 ··············· 1
项目二　电路认知与检测 ···················· 12
项目三　电流、电位与电压的计算 ············ 21
项目四　欧姆定律验证 ······················ 28
项目五　电阻串并联特点验证 ················ 35
项目六　电阻认知与测量 ···················· 42
项目七　基尔霍夫定律验证 ·················· 54
项目八　电容器认知与检测 ·················· 60
项目九　电磁现象认知 ······················ 70
项目十　交流电路认知 ······················ 83
项目十一　二极管认知与检测 ················ 96
项目十二　二极管的伏安特性验证 ············ 105
项目十三　三极管认知与检测 ················ 112
项目十四　三极管的放大特性认知 ············ 123
项目十五　三极管的开关特性认知 ············ 130
项目十六　整流电路认知 ···················· 138
项目十七　滤波电路认知 ···················· 149
项目十八　稳压电路认知 ···················· 156
参考文献 ·································· 163

项目一　电工电子技术基础认知

学习目标

完成本项目学习后,你应能:
1. 掌握一般安全用电常识;
2. 熟悉电工电子实验台的使用;
3. 了解万用表的基本结构和使用方法。

建议学时
4 学时。

一、安全用电常识

(一) 触电

触电分为直接触电和间接触电两种。

1. 直接触电

直接触电是指人体直接接触带电导线。直接触电又分为双线直接触电和单线直接触电。

(1) 双线直接触电是指人体的两只手或者人体的某两个部位分别与两根带电的导线连通,如图 1-1 所示。

(2) 单线直接触电是指人体的一只手或者人体的某个部位与带电的导线连通,而另一个部位与大地连通,如图 1-2 所示。

图 1-1　双线直接触电示意图

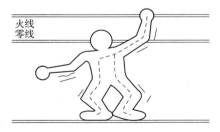

图 1-2　单线直接触电示意图

2. 间接触电

间接触电是指人体与漏电设备的外壳发生接触,包括跨步电压触电(图 1-3)、感应电压触电和雷击触电等。

(二)安全电压

安全电压指不会直接使人致死或致残的电压。我国规定的安全电压标准有五种:42V、36V、24V、12V、6V。汽车所用电压为24V(柴油车)和12V(汽油车)。可见柴油车和汽油车使用的电压都是安全电压。

图1-3 跨步电压触电示意图

1. 电流对人体的伤害

人体通过电流持续的时间越长,人体电阻下降得越多,流过的电流就会越大,后果就越严重。人的心脏每收缩、扩张一次,中间约有0.1s的间歇,这0.1s对电流最敏感。如果电流在这一瞬间通过心脏,即使电流小至几毫安,也会引起心脏震颤。如果电流不在这一瞬间通过心脏,即使电流较大,也不会引起心脏停搏。由此可知,如果电流持续时间超过0.1s,则必然与心脏最敏感的间隙相重合而造成很大的危险,所以通过人体电流的持续时间不能过长。电流通过人体心脏会导致神经失常、心跳停止和血液循环中断,其危险性最大。电流若从左手流到右脚是最危险的,此时心脏是电流的必经之路。

2. 电流与人体电阻的关系

在一定的电压作用下,通过人体电流的大小与人体电阻有关系。人体电阻因人而异,与人的体质、皮肤的潮湿程度、年龄和性别有关。当角质外层损坏后,通常为 1~2kΩ 的人体电阻,则可能会降到 0.8~1kΩ。

根据欧姆定律($I = U/R$)可以得知流经人体电流的大小与外加电压和人体电阻有关。人体电阻除人的自身电阻外,还应附加上人体以外的衣服、鞋、裤等电阻。虽然人体电阻一般可达2kΩ,但是皮肤受潮、带有导电性粉尘、与带电体的接触面积和压力以及衣服、鞋、袜的潮湿油污等情况,均能使人体电阻降低,所以通常流经人体电流的大小是无法事先计算出来的。为确定安全条件,往往不采用安全电流,而是采用安全电压来进行估算。一般情况下,也就是在干燥而触电危险性较大的环境下,安全电压规定为24V。对于潮湿而触电危险性较大的环境(如金属容器、管道内施焊检修),安全电压规定为12V。这样,触电时通过人体的电流,可被限制在较小范围内,确保人身安全。

(三)安全用电注意事项

(1)了解和熟悉电源总开关的位置,便于在紧急情况下能尽快地切断电源。

(2)在任何情况下都禁止用手去接触导电物体,探试电源插座内是否有电。

(3)禁止用湿手触摸正在通电工作的电气设备,禁止用湿布擦拭正在通电工作的电气设备,以免造成触电事故和电气设备损坏事故。

(4)务必插牢电器插头,保持紧密接触,不能松动,接触不良会导致插头发热引起火灾。电器使用完毕要及时拔掉电源插头。插拔电源插头时要捏紧插头部位,禁止用拉拽电线的方法来拔插头,以防止电线的绝缘层受损造成触电。如发现电线的绝缘皮层损坏,应及时对绝缘受损的导线进行包扎处理或更换新的绝缘导线。

(5)禁止随意拆卸和安装电源线路、插座、插头等。如确实需要安装的话,必须切断电源。

(6) 禁止在一个多口插座上同时使用多个用电器,如图 1-4 所示,以免发生用电安全事故。

(7) 使用活动插座的地方要保持干燥,禁止将插座电线缠绕在金属管道上。活动插座的导线一定要远离易燃、易爆物品。

(8) 使用中的电气设备出现故障时,首先要做的是迅速切断电源。

(9) 使用中的电气设备或电路起火时,一定要保持头脑冷静,首先尽快切断电源,或者将室内的电路总闸关掉,然后用专用灭火器对准着火处喷射。如果身边没有专用灭火器,在断电的前提下,可用常规的方式将火扑灭。如果电源没有切断,切忌不能用水或者泡沫灭火器进行灭火,以免引发触电事故。

图 1-4 多口插座同时使用多个用电器示意图

(10) 有人触电时要迅速切断电源,或者用干木棍或其他绝缘物将带电导体与触电者分开,禁止用手去直接救人。如触电者神智昏迷或停止呼吸,应立即施行人工呼吸,或马上送医院进行紧急抢救。

二、BR—103 电工电子实验台使用说明

(一) 电源输入

该实验台设有三相四线及地线(共五线输入接口),根据实验需要提供三相 380V 和单相 220V 交流电源,并配有漏电保护开关(电源总开关)、三相电源输入指示灯(U 相电源指示灯、V 相电源指示灯、W 相电源指示灯)三相 380V 电压检测开关、电压表,电压表监测三相 380V 电压。

(二) 电源输出

(1) 三相四线及地线共五线,四线即 U 相火线、V 相火线、W 相火线和零线 N,即三相 380V 和单相 220V。380V 指的是火线与火线之间的电压(U 相与 V 相与 W 相),220V 指的是火线与零线之间的电压(U 相火线与零线 N、V 相火线与零线 N、W 相火线与零线 N)。

(2) 0~240V 交流电压连续可调电压数字显示。

(3) 一组交流电压 3V、9V、12V、18V、24V、36V 六组交流电压输出,仪表数字显示。

(4) 两组整流稳压电压输出:0~30V 连续可调,仪表数字显示。

(5) 两组直流电流输出:0~1.5A 连续可调电流数字显示。

(三) 函数信号发生器(波形:正弦波、方波、三角波)

1. 频率范围

5Hz~550kHz,频率范围分五个频段:

(1) 一频段 5Hz~55Hz。

(2) 二频段 55Hz~550Hz。

(3) 三频段 550Hz~5.5kHz。

(4) 四频段 5.5Hz~55kHz。

(5) 五频段 55Hz～550kHz。

2. 最大输出电压

(1) 正弦波:600Ω 负载时,20Hz～55KHz≥4.5V,50kHz～550kHz≥3.5V;衰减分三级:0dB、20dB、40dB;

(2) 方波:1000Ω 负载时,3.5VP—P;

(3) 三角波:空载时 1VP—P。

(四) 单次脉冲源

单次脉冲源分为正脉冲和负脉冲,拨动一次脉冲开关输出一个正脉冲波或者一个负脉冲波。

(五) 音频功率放大器

输入灵敏度大于 5mV,输出功率大于 1W,音量可调,内有喇叭,用于放大电路扩音,也可以作为信号寻迹器使用。

(六) 保护电路

(1) 电源总开关(漏电断路器):接在三相四线输入端,对三相、单相漏电和过载有保护作用,漏电动作切断电流小于 30mA。

(2) 总熔断器:三相输入熔断器 UFU、VFU、WFU,额定电流 3A,使用过程中电流超过 3A,熔断丝即熔断。

(3) 其他熔断器:负责各低压支路的电路保护。

(七) 功能说明

BR-103 型电工电子实验台面板组成如图 1-5 所示。

(八) 使用方法

1. 开机方法

将电源总开关(漏电保护器)的手柄向上推,接通实验台三相电源,指示灯 U、V、W 亮,转动图 1-5 中的三相 380V 电压换相开关 66,电压表分别指示 UV、VW、UW 的电压值。其他各支路的低压交直流电源和信号源的连接操作按实验台面板说明进行。

2. 电路插拼方法

选择一个电路图,根据电路的内容,在元器件储存板上取出所需的"元器件插座",在桌面中央(通用电路板)上垂直插拔。先插连接插座,后插拼其他插座。插拼好后应对电路进行检查校对。

3. 通电实验过程

按电路图指定的电源电压接入电源,按指定的实验目的、实验步骤和实验要求进行。在更换"元器件插座"或改变实验电路时应先切断电源。测试波形、电压和电流时,可在每个"元器件插座"上的测试孔或直接在电路板插孔中进行。

4. 储存"元器件插座"

实验完毕后,应先切断电源,拔下全部插头,按元器件的型号参数插到相对应的储存板上,经教师过目后放入桌柜中统一储存。

项目一 电工电子技术基础认知

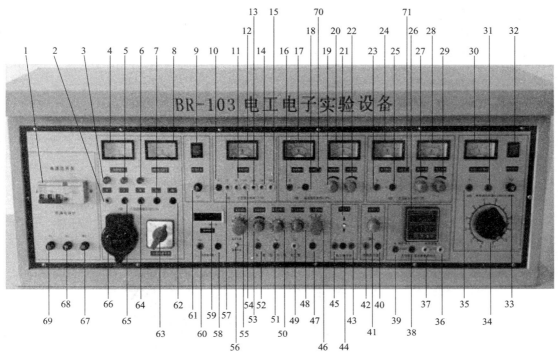

图 1-5 BR-103 型电工电子实验台面板组成

1-电源总开关(带漏电保护);2-三相四线输出 380V U 相检测端子;3-三相四线输出 380V U 相电源指示灯;4-交流电压表;5-三相四线输出 380V V 相电源指示灯;6-三相四线输出 380V W 相电源指示灯;7-三相四线输出 N(零线)端子;8-交流电流表;9-电源开关(单相 220V);10-交流低压电源 0V 电压输出检测端子;11-交流低压电源 9V 电压输出检测端子;12-交流低压电流表;13-交流低压电源 18V 电压输出检测端子;14-交流低压电源 24V 电压输出检测端子;15-交流低压电源 35V 电压输出检测端子;16-直流电输出电源正极(+)检测端子;17-直流电流表;18-直流电输出电压负极(-)检测端子;19-电位器(调节直流电压);20-直流电流表;21-脉冲开关(正负转换);22-电位器(调节直流电压);23-0~30V 直流电输出电压正极(+)检测端子;24-直流电压表;25-直流电输出电压负极(-)检测端子;26-多功能交流电参数测试仪(显示屏);27-电位器(调节直流电压);28-直流电流表;29-电位器(调节直流电压);30-交流电压表;31、35-0~240V 交流电压输出检测端子;32-电源开关(单相 220V);33-分保险(2)(熔断器);34-交流电压调节开关 0~240V/0.5kVA;36、37-交流电流输入端子;38、39-交流电压输入端子;40、42-音频输入端子;41-音频开关;43、45-正负脉冲输出检测端子;44-信号输入接口;46-正弦波衰减调整开关;47、49、51、52-函数信号检测端子;48-正弦波幅度调整开关;50-矩形波幅度调整开关;53-频率微调电位器;54-交流低压电源 12V 输出检测端子;55-频率粗调开关(×1、×10、×10^2、×10^3、×10^4);56-频率内测/外测转换开关;57-交流低压电源 3V 输出检测端子;58、60-外测信号输入端子;59-频率显示仪;61-分保险(1)(熔断器);62-接地端子;63-三相电源开关;64-三相四线输出 380V W 相检测端子;65-三相四线输出 380V V 相检测端子;66-三相 380V 电压换相开关;67、68、69-三相输入电源保险(熔断器);70、71-过载报警指示灯

(九) 使用注意事项

(1) 实验操作时,手要保持干燥和干净,通用电路板、元器件和插座也应保持干燥,不得受潮,不得与锋利坚硬的东西擦碰,以免造成零部件的损坏。

(2) 做强电实验时,务必认清火线、零线、地线,实验操作时身体任何部位不得与火线接触,以免造成触电事故。必须先插好元器件,经检查无误后才能接通电源,不得在通电的情况下更换电元器件。

(3) 实验台虽然设有多级安全熔断保护,但在操作过程中决不允许短接各路输出电源检测端子和信号源检测端子。

（4）调节实验台面板控制旋钮时不能用力过猛，不能超过刻度标志范围。

（5）每次使用完毕后必须切断电源总开关。

三、万用表的使用

（一）万用表分类

万用表分为指针式万用表和数字式万用表（注：指针式万用表已基本被淘汰），如图1-6和图1-7所示。

图1-6　指针式万用表　　　　图1-7　数字万用表

（二）万用表作用

万用表是一种多功能测量仪表，也称为万能表。一般的万用表可以测量直流电流、直流电压、交流电流、交流电压、电阻和半导体元件，有的还可以测量电容器、电感、温度、闭合角及音频频率等。万用表是检测电路工作情况、用电器和电气元件好坏的工具。

（三）数字万用表操作设置和功能解读

数字万用表的全部表示符号、开关操作、显示功能都设置标注在面板上。下面以优利德（UT39C）万用表为例，如图1-8所示，说明其使用方法。

（1）蜂鸣器和测量二极管的位置和符号：将图1-8中的多功能量程选择开关13调在该位置处，可以检测判断二极管的极性和好坏，同时还可以检测线路、插接件和开关的通断情况。如呈现通路时蜂鸣器会发出声音，显示屏也会显示000的数字，但是不准确。

（2）万用表电源按钮开关：开关闭合时，多功能量程选择开关在不同的位置，显示屏会显示不同的符号，开关断开时，显示屏没有显示。使用万用表时将开关接通，不使用时，应将开关切断。

（3）测量电阻的位置和符号：将图1-8中的多功能量程选择开关13调在200至20M的范围内可以对导线、插接件、电阻、用电器和二极管进行检测。

（4）测量温度的位置和符号：将图1-8中的多功能量程选择开关13调在该位置处可以检测温度。测量温度时需将温度感应器的两个插头分别插在红表笔和黑表笔插孔内。

（5）测量电容器的位置和符号：将图1-8中的多功能量择开关13调在2nF至20μF的范围内，可以检测电容器容量和好坏。

(6)电容器的插孔:将图1-8中的多功能量程选择开关13调在2nF至20μF的范围内,然后将电容器的两根引线分别插入孔内即可。

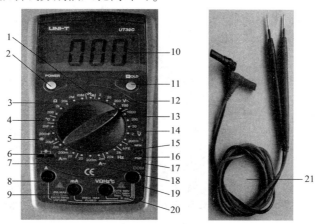

图1-8　数字万用表面板功能标示示意图

1-蜂鸣器和测量二极管的位置和符号;2-万用表电源按钮开关;3-测量电阻的位置和符号;4-测量温度的位置和符号;5-测量电容器的位置和符号;6-电容器的插孔;7-测量直流电流的位置和符号;8-测量电流用的红表笔插孔;9-测量200mA以下电流的红表笔插孔;10-显示屏;11-测量数据锁定开关;12-测量交流电压的位置和符号;13-多功能量程选择开关;14-测量直流电压的位置和符号;15-测量三极管的位置和符号;16-测量三极管的插孔;17-测量频率和音频信号的位置和符号;18-测量交流电流的位置和符号;19-黑表笔插孔;20-红表笔插孔;21-表笔

(7)测量直流电流的位置和符号:将图1-8中的多功能量程选择开关13调在2m至20的范围内,可以测量直流电流。

(8)测量电流用的红表笔插孔:将红表笔插入表笔孔可以测量200mA~20A的交直流电流。

(9)测量200mA以下电流的红表笔插孔:将红表笔插入表笔孔内可以测量200mA以下的交直流电流。

(10)显示屏:显示测量的数字(数值)。

(11)测量数据锁定开关:将测量出来的数值锁定在显示屏上。

(12)测量交流电压的位置和符号:将图1-8中的多功能量程选择开关13调在2至750范围内,可以测量交流电压。

(13)多功能量程选择开关:可以作360°的顺时针旋转和逆时针旋转,小箭头为开关指示位置。

(14)测量直流电压的位置和符号:将图1-8中的多功能量程选择开关13调在200m至1000的范围内,可以测量直流电压。

(15)测量三极管的位置和符号:将图1-8中的多功能量程选择开关13调在该位置处可以检测三极管的好坏和放大倍数。

(16)测量三极管的插孔:测量三极管时,将图1-8中的多功能量程选择开关13调在测量三极管的位置和符号15处,然后将三极管的三根引线插入NPN的CBE孔和PNP的EBC孔即可。

(17)测量频率和音频信号的位置和符号:将图1-8中的多功能量程选择开关13调在该

位置处,可以测量频率和音频信号。

(18)测量交流电流的位置和符号:将图1-8中的多功能量程选择开关13调在2m至20的范围内,可以测量交流电流。

(19)黑表笔插孔:测量交直流电压、电阻、二极管、频率、音频信号、温度和交直流电流的共用插孔。

(20)红表笔插孔:测量交直流电压、电阻、二极管、频率、音频信号和温度的共用插孔。

(21)表笔:红色是正表笔,黑色是负表笔。

(四)万用表的使用

1. 直流电流测量方法

将图1-8中的多功能量程选择开关13调在测量直流电流的位置和符号7处,然后根据被测电流大小选择适当的量程和核对红表笔对应的插孔,在不清楚被测电流有多大的情况下,多功能量程选择开关13应调在最大的量程位置(20A)上。万用表应与电路中的负载形成串联连接,使电流从红表笔流进,黑表笔流出。如图1-9所示,万用表显示屏显示的电流是5.65A。

2. 交流电压测量方法

将图1-8中的多功能量程选择开关13调在测量交流电压的位置和符号12处,根据电压的大小选择量程,在不清楚被测电压有多大的情况下,量程应调在最大的位置上(750V),红表笔插入"V/Ω"插孔,黑表笔插入"COM"插孔,将两表笔并接在火线与零线或者火线与火线上,如图1-10所示,万用显示的电压是234V的交流电。

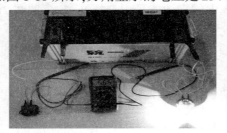

图1-9 直流电流测量示意图

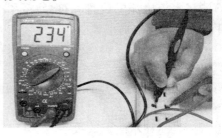

图1-10 交流电压测量示意图

3. 直流电压测量方法

将图1-8中的多功能量程选择开关13调在测量直流电压的位置和符号14处,根据被测电压的大小选择量程,在不清楚被测电压有多大的情况下,量程应调在最大的位置上,红表笔插入"V/Ω"插孔,黑表笔插入"COM"插孔,将两表笔并接在电源的正极线与负极线上,红表笔接电源正极线,黑表笔接电源负极线,如图1-11所示,万用表显示屏显示的电压是12.15V。

图1-11 直流电压测量示意图

4. 校对万用表

测量电阻时需要对万用表进行校对,红表笔插入"V/Ω"插孔,黑表笔插入"COM"插孔,然后将功能开关调到欧姆挡的最低位置上,然后将两表笔短接,如图1-12所示,显示屏显示出来的数值就是万用表的内阻值。万用表的内电阻会随万用表电池电压的下降而增大。测量导线和用电器时该阻值与其叠加在一起,在确定导线和用电器的阻值时应将其减去。

5. 电阻测量方法

将图1-8中的多功能量程选择开关13调在测量电阻的位置和符号3处,红表笔插入"V/Ω"插孔,黑表笔插入"COM"插孔,将两表笔分别接电阻的两端引线,测量时根据电阻的大小改变量程的位置,如图1-13所示,多功能量程选择开关13处在2MΩ量程的位置上,万用表显示屏显示的值是1.240,表示这只电阻的阻值是1.240MΩ。

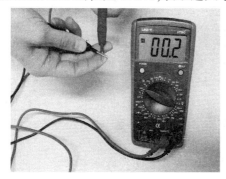

图1-12 校对万用表示意图　　　　　　图1-13 测量电阻示意图

(五) 万用表使用注意事项

(1) 根据测量需要,正确选择红表笔插孔。对未知量进行测量时,应首先把量程调到最大,然后从大向小调,直到合适为此。若显示1或000,则表示过载,应改变量程,加大量程或者减小量程。

(2) 改变量程时,表笔应与被测点断开。

(3) 不允许用电阻挡和电流挡测电压。

(4) 使用万用表时应轻拿轻放。

(5) 不使用时应将万用表放置在干燥的地方,禁止放置在潮湿和有腐蚀的地方。

(6) 使用万用表时,应先对万用表表笔进行检查,检查表笔绝缘是否良好,表笔绝缘有无裂纹。使用万用表测量高电压时,两只手应握住表笔的绝缘部分,身体任何部位不得与带电表笔的金属部分接触,以免造成触电事故,如图1-10所示。

(7) 正确选择量程,禁止超量程测量电压和电流,超量程的测量电压和电流将会导致万用表损坏。

(8) 禁止在电阻挡、蜂鸣挡、电流挡上进行电压的测量,在电阻挡、蜂鸣挡的位置上测量电压,会导致万用表的损坏。在电流挡上进行电压测量,会导致电源直接短路,损坏万用表和危急人身安全。

(9) 万用表每次使用完毕后,应立即关断电源开关,同时将多功能量程选择开关13调到交流电压挡的最大量程位置上。

思考与练习

一、填空题

1. 触电的方式分为_____触电和_____触电。
2. 双线直接触电指人体的_____或者人体的某_____部位分别与_____带电的导线连通。
3. 间接触电指_____与_____设备的外壳发生接触,包括_____、_____和_____。
4. 在任何情况下都禁止_____去接触带电_____,探试电源插座内是否_____。
5. 安全电压指不致使人直接_____或_____的电压。我国规定的安全电压标准有五种:_____V、_____V、_____V、_____V、_____V。柴油车电压是_____V、汽油车电压是_____V,可见柴油车和汽油车使用的电压都是_____的电压。
6. 有人触电时要_____切断电源或者用干木棍或其他绝缘物将_____与人体分开,禁止_____去直接拉人。
7. BR-103型电工电子实验台的函数信号发生器产生的波形有_____波、_____波、_____波。
8. 图1-5中BR-103型电工电子实验台面板标注10是_____低压电源_____伏电压输出检测端子。
9. 万用表的分类有两种:一种是_____式万用表,另一种是_____式万用表。
10. 一般的数字万用表可以测量直流电流、直流_____、交流_____、交流电压、_____、二极管和_____。
11. 用万用表测量直流电压时,红表笔接电源的_____极、黑表笔接电源的_____极。
12. 用万用表测量交直流电压时,在不知道被测电压值是多少的情况下,量程应从_____选取。

二、判断题

1. 跨步电压触电属于间接触电当中的一种触电方式。( )
2. 安全电压指220V以下的直流电压。( )
3. 理论和实操教室安全用电规定,禁止随意拆卸、安装电源线路、插座、插头等。如确实需要安装的话,必须切断电源总闸,以免造成触电事故。( )
4. 由于数字万用表是万能的,所以所有的电压都可以测量。( )
5. 数字万用表的多功能选择开关可以顺时针旋转360°。( )
6. 用万用表测量电流时万用表两只表笔并联连接在负载的两端。( )
7. 用万用表测量交流电压时,万用表的两只表笔可以任意同时接在一根火线和一根零线上。( )
8. 万用表面板上的"COM"插孔是黑表笔插孔。( )
9. 万用表面板上的750表示可以测量交流电压的位置,将功能开关调至该位置时表示

在这个挡位上可以测量750V以上的交流电压。　　　　　　　　　　　　　　　（　　）

10. 交流电压1V等于10mV。　　　　　　　　　　　　　　　　　　　　　　　（　　）

三、选择题

1. 交流电用字母(　　)来表示。
   A. DC　　　　　　　　B. UC　　　　　　　　C. AC

2. 单线触电属于(　　)。
   A. 直接触电　　　　　B. 间接触电　　　　　C. 跨步电压触电

3. 用万用表测量1000mV的交流电压,图1-8中的多功能量程选择开关13应调在交流电压挡的位置上,正确量程选取为(　　)。
   A. 2　　　　　　　　　B. 20　　　　　　　　C. 200

4. 用万用表测量0.1Ω的电阻时,图1-8中的多功能量程选择开关13应调在电阻挡的位置上,正确量程选取为(　　)。
   A. 200M　　　　　　　B. 2M　　　　　　　　C. 200

5. 用万用表测量20.1kΩ的电阻时,图1-8中的多功能量程选择开关13应调在电阻挡的位置上,正确量程选取为(　　)。
   A. 20K　　　　　　　　B. 2M　　　　　　　　C. 200M

6. 万用表设置在面板上的锁定开关的作用是将(　　)。
   A. 用电器锁定　　　　B. 万用表检测的数值进行锁定
   C. 将多功能开关锁止

7. 用万用表测量电流时万用表应与负载接成(　　)。
   A. 混联电路　　　　　B. 并联电路　　　　　C. 串联电路

8. 用万用表测量负载两端的电压时,万用表的两只表笔与负载形成(　　)。
   A. 复联连接　　　　　B. 并联连接　　　　　C. 串联连接

四、简答题

万用表面板上标注的测量交流电压的四个量程范围是2、20、200、750,请回答2、20、200、750它们分别表示的是什么?

项目二　电路认知与检测

学习目标

完成本项目学习后,你应能:
1. 知道电路各组成部分及作用;
2. 知道电路的四种状态及特点;
3. 掌握多种开关的原理与使用方法;
4. 掌握电路故障的分析与查找方法。

建议学时
4 学时。

一、电路和电路图

(一) 电路的构成及作用

电路指电流流过的路径。完整的电路由电源、用电器(或负载)、控制和保护装置、连接导线四个基本要素组成,如图 2-1 所示。

(1)电源指把化学能和机械能等非电能转化成电能的装置,如汽车上的铅蓄电池和发电机等。

(2)用电器(或负载)指将电能转化为其他形式能的元件或设备,如汽车上的各种照明灯、信号灯、电动机、点烟器、火花塞、扬声器、电喇叭和显示器等。

(3)控制和保护装置指在电路中既不会产生电,也不会消耗电(一般指消耗的电能可以忽略不计)的开关、保险器、继电器、测量仪表、变压器、电子放大或控制器等,是一些仅对电能起传递、控制、变换、监测、保护及报警的装置。

(4)导线的作用是将电源、用电器(或负载)、控制和保护装置连成闭合回路,输送和分配电能。

(二) 电路图形符号

将电路中的实物用简单符号绘制的图称为电路图,如图 2-2 所示。

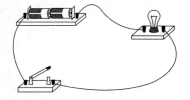

图 2-1　简单的完整电路实物图

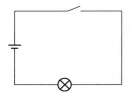

图 2-2　简单电路图

(三) 电路分类

根据电源特性,电路分为直流电路与交流电路。汽车上采用的是直流电路,日常生活及社会生产则大多数采用交流电路。

电源和用电器之间用两根导线构成回路,这种连接方式称"双线制"。在汽车上,为了节省导线,便于安装和维修,通常只用一根导线将电源的正极与负载一端相连,电路的负极端则由车架、发动机等金属机体替代而构成回路,这种电路称"单线制"电路,其正极端引线常称为"火线",负极端引线常称为"搭铁线",如图2-3所示。

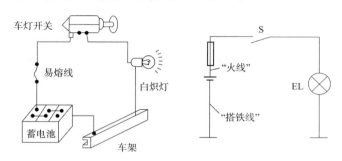

图2-3 汽车"单线制"电路

二、电路状态

电路通常有通路、断路、短路及接触不良四种状态。

(一) 通路状态

通路状态是指电路按规定路径处处连通的状态。通路也称"闭路",处于此状态的电路中有工作电流通过。

(二) 断路状态

断路状态是指电路中有支路被断开的状态。断路也称"开路",处于此状态的电路中无工作电流通过。

(三) 短路状态

短路状态是指电流未经过规定的路径,而在中途相搭接的地方通过的状态,如图2-4所示。

图2-4中实线箭头"+"与"-"之间短路。由于这时回路中的电阻近似为零,电路中的短路电流比正常时电流大几十或几百倍。这样大的短路电流通过的电路将产生大量的热量,使导线温度迅速升高,不仅损坏导线、电源和其他电器设备,严重时还会引起火灾。所以,一般电路上都加电路保护装置,如图2-4所示的熔断器FU。

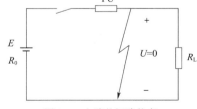

图2-4 电路的短路状态

汽车电路中具有一定电位的部位与金属机体相碰时发生的短路现象称"搭铁"故障。

短路在一般的使用场合下是不允许的,但在实际工作中,常需要使用短路电位中电位差别不大的两点,我们把这种短路称为短接。如检测汽车电路是否断路或短路、用于特定的位置的测量时,用跨接线(也称 SST,是一段多股导线,它的两端分别接有鲤鱼夹或不同形式的插头)起一个旁通电路的作用来进行检测。例如,某一电器不工作,首先将跨接线连接在被测部件接线" - "端子与车身搭铁之间,若此时部件工作,说明其接地线路断路;如接地线良好,将跨接线连接在蓄电池" + "极与被测部件的" + "端子之间,若此时部件工作,说明部件电源电路有故障(断路或短路);如部件仍不工作,说明部件本身有故障,应予以更换。

(四)接触不良状态

接触不良是指电路在导体接触部位因接触面有氧化层、脏污、接触压力不足或接触面过小造成的电阻过大的现象。严重接触不良易造成电路断路。

三、电路控制

(一)单刀单掷开关

单刀单掷开关属于同轴开关的一种,实物如图 2-5 所示。构成同轴开关的器件有铁氧体、PIN、FET 或 BJT。铁氧体和 PIN 是经典的开关器件,铁氧体的特点是功率大、损耗小,PIN 的特点是快速,成本低。FET 或 BJT 有增益,已经成为中、小功率开关的主要器件。单刀单掷开关的电路控制如图 2-6 所示。

图 2-5　单刀单掷开关实物图

图 2-6　单刀单掷开关的电路控制

(二)单刀双掷开关

单刀双掷开关由动端和不动端组成,实物如图 2-7 所示。动端就是所谓的"刀",它应该连接电源的进线,也就是来电的一端,一般也是与开关的手柄相连的一端。另外的两端就是电源输出的两端,也就是所谓的不动端,它们与用电设备相连。其作用是控制电源向两个不同的方向输出,也就是说可以用来控制两台设备,或者也可以控制同一台设备作转换运转方向使用,如图 2-8 所示。

图 2-7　单刀双掷开关实物图

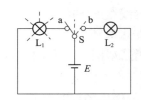

图 2-8　单刀双掷开关的电路控制

(三) 双控开关电路

图 2-9 所示为楼梯灯双控开关电路。

家庭常用的楼梯灯，两个开关控制同一盏灯，一般楼下一个开关，楼上一个开关，楼上楼下都可以随意开关灯，也可以楼下开灯楼上关，或者楼上开灯楼下关。电路原理如图 2-10 所示。

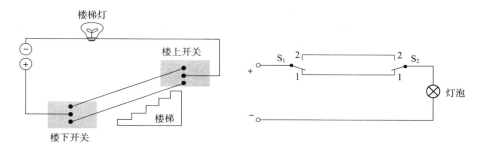

图 2-9　楼梯灯双控开关电路　　　　图 2-10　双控开关电路控制

当灯处于关闭状态时，开关 S_2 置于 2 位置，开关 S_1 置于 1 位置，若将开关 S_1 置于 2 位置，电路闭合，灯亮。若将开关 S_2 置于 1 位置，电路断开，灯熄灭。

四、电路测量

电路测量通常是指对电路中的电压、电流、电阻等物理量进行测量。测量仪表有电压表、电流表、电阻表等。

(一) 电流表的使用

电流大小可以用电流表(图 2-11)直接测量。对直流电测量时应注意以下两点：

(1) 电流表必须与被测电路串联。连接时应使电流从电流表的"＋"接线柱流入，"－"接线柱流出，否则会损坏电流表。

(2) 使用前应根据被测电流的大小选择适当量程，在无法估计电流范围时，应选用较大的量程开始测量。

(二) 电压表的使用

直流电压的大小可用直流电压表(图 2-12)测量。测量时应注意以下两点：

图 2-11　电流表　　　　图 2-12　电压表

(1) 电压表必须与被测电路并联。连接时应使电流从电压表的"＋"接线柱接高电位端,"-"接线柱接低电位端,否则会损坏电压表。

(2)使用前应根据被测电压的大小选择适当量程,在无法估计电压范围时,应选用较大的量程开始测量。

(三)万用表电阻挡的使用

(1)把万用表拨到电阻挡,选择适当量程。

(2)断开电源,把万用表两表笔分别接在被测电路两端。

五、电路故障检测与分析

常见的电路故障是断路和短路。检验的方法有小灯泡法、电压表法、电流表法和导线法。下面以只存在一处故障为例说明故障判断的方法。

(一)断路的判断

1. 断路的主要表现

断路最显著的特征是电路(并联的干路)中无电流(电流表无读数),且所有用电器不工作(常是灯不亮),电压表读数接近电源电压。如果发现这种情况,则可以判断电路的故障是发生了断路。

2. 断路判断方法

可采用小灯泡检测法、电压表检测法、电流表检测法、导线检测法等方法进行判断,其做法是将一部分特定电路与电路的一部分并联。原理是在并联的部分断路时,用特定电路等与电路的一部分并联再造一条电流的路径,若这条特定电路可使整体电路恢复通路,则与之并联的部分电路就存在断路。

(1)电压表检测法。把电压表分别逐段和两接线柱之间的部分并联,若有示数且比较大(常表述为等于电源电压),则和电压表并联的部分断路(电源除外)。电压表有较大读数,说明电压表的正负接线柱已经和相连的通向电源的部分与电源形成了通路,断路的部分只能是和电压表并联的部分。

(2)电流表检测法。把电流表分别逐段与两接线柱之间的部分并联,如果电流表有读数,其他部分开始工作,则此时与电流表并联的部分断路。注意,电流表要用试触法选择合适的量程,以免烧坏电流表。

(3)导线检测法。将导线分别逐段与两接线柱之间的部分并联,如其他部分能开始工作,则此时与电流表并联的部分断路。

(4)小灯泡检测法。将小灯泡分别逐段与两接线柱之间的部分并联,如果小灯泡发光或其他部分能开始工作,则此时与小灯泡并联的部分断路。

(二)短路的判断

1. 短路的具体表现

(1)整个电路短路。具体表现有电路中电表没有读数、用电器不工作、电源发热、导线有糊味等。

(2)串联电路的局部短路。具体表现有某用电器(发生短路)两端无电压、电路中有电流(电流表有读数)且较原来变大、另一用电器两端电压变大、一盏电灯更亮等。

2.短路判断方法

短路情况下,"导线"成为和用电器并联的电流的捷径,将电流表、导线并联到电路中的检测方法已不能使用。因为,它们的电阻都很小,并联在短路部分对电路无影响。并联到其他部分则可引起更多部位的短路,甚至引起整个电路的短路,烧坏电流表或电源。所以,只能用电压表检测法或小灯泡检测法。

(1)电压表检测法。把电压表分别和各部分并联,导线部分的电压为零表示导线正常,如某一用电器两端的电压为零,则此用电器短路。

(2)小灯泡检测法。把小灯泡分别和各部分并联,接到导线部分时小灯泡不亮(被短路)表示导线正常。如接在某一用电器两端小灯泡不亮,则此用电器短路。

六、汽车电路故障检查

通常情况下,万用表检查汽车电路故障的方法有电压检查法、电阻检查法和电流检查法三种。

(一)电压检查法

电路开关闭合,将万用表功能开关调在直流电压挡20(针对汽油车)或者200(针对柴油车)的位置上,红表笔插入"V/Ω"插孔,黑表笔插入"COM"插孔。然后确定电压检测的参考点,电压检测的参考点一般设定在电源的负极或者电位的最低处。汽车有两个电源,一是发电机,发电机的外壳是发电机的负极;二是蓄电池的负极。发电机和蓄电池采用的是并联连接方式,它们的负极都是与车架(壳体)相通的。黑表笔接电路的参考点,红表笔分别接电路正极端的各点。测出各点的电位,查找电路的故障点。检查方法如图2-13所示。

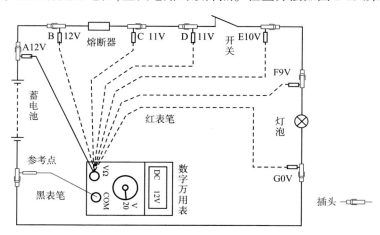

图2-13 用电压检查法检查电路故障示意图

(二)电阻检查法

用电阻检查法检查电路故障时,不能带电检查,应将开关断开,使用电器和需要检查的导线脱离电源,将万用表功能开关调在电阻挡200的位置上,红表笔插入"V/Ω"插孔,黑表笔插入"COM"插孔,如图2-14所示。A与B之间是熔断器好坏的检查,C与D之间是开关好坏的检查,E与F之间是灯泡好坏的检查。

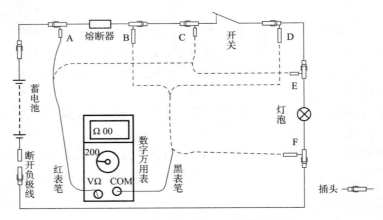

图 2-14　用电阻检查法检查电路故障示意图

(三) 电流检查法

用电流检查法检查电路中的电流时,应将电路断开,然后将电流表串接在电路中,电流检查法只适用电压较低和电流较小的电路(如电子电路等),不适用于汽车电路和其他较高电压、电流的电路故障的检查。

图 2-15 所示为用电流检查法检测接线示意图。

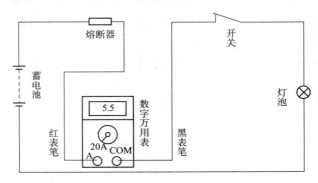

图 2-15　用电流检查法检测接线示意图

思考与练习

一、填空题

1. 电路是由_____、_____、_____、_____组成的。
2. 电源的作用是_____。
3. 用电器(或负载)的作用是_____。
4. 控制和保护装置的作用是_____。
5. 导线的作用是_____。
6. 单刀单掷开关属于_____开关,单刀双掷开关由_____和_____组成。
7. 电路通常有_____、_____、_____和_____四种状态。
8. 通常情况下,万用表检查汽车电路故障的方法有_____、_____、_____三种。

二、选择题

1. 汽车起动机属于(　　)。
   A. 电源　　　　　　B. 负载　　　　　　C. 控制和保护装置
2. 电流表在使用时应和被测电路(　　)。
   A. 串联　　　　　　B. 并联　　　　　　C. 混联
3. 电压表在使用时应和被测电路(　　)。
   A. 串联　　　　　　B. 并联　　　　　　C. 混联
4. 下列电工符号中,属于电池符号的是(　　)。
   A. ─▷├─　　　　　B. ─□─　　　　　C. ─┤├─
5. 用万用表测量电路电阻时应选用(　　)。
   A. 电阻挡　　　　　B. 电流挡　　　　　C. 电压挡
6. 串联电路发生局部短路时,电路中电流(　　)。
   A. 不变　　　　　　B. 变小　　　　　　C. 变大
7. 用电压法检测汽车电路故障时应选用(　　)。
   A. 电压挡　　　　　B. 电流挡　　　　　C. 电阻挡
8. 在如图 2-16 所示的电路中,电源电压保持不变。当开关 S 由断开到闭合,电压表 V_1 的示数始终等于 V_2 的示数。若电路中只有一处故障,且只发生在电阻 R 或灯泡 L 处,则可能是(　　)。

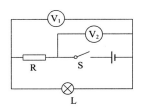

图 2-16　习题图 1

A. 灯泡 L 发光,电阻 R 断路　　　　　B. 灯泡 L 不发光,电阻 R 断路
C. 灯泡 L 发光,电阻 R 短路　　　　　D. 灯泡 L 不发光,电阻 R 短路

9. 在如图 2-17 所示的电路,当开关 K 闭合后,两盏灯都不亮,电流表没有示数。如果只有一盏灯出了故障,其余元件都完好,则下列方法中不能查出故障的是(　　)。

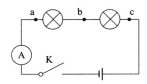

图 2-17　习题图 2

A. 用一根导线接在 a、b 两点之间　　　B. 用一根导线接在 b、c 两点之间
C. 用电压表接在 a、b 两点之间　　　　D. 用电压表接在 a、c 两点之间

10. 在如图 2-18 所示的电路中,闭合开关 S,灯泡 L 亮,一段时间后灯泡 L 熄灭,已知电路中只有一处故障,且只发生在灯泡 L 或电阻 R 上。假如现在用一只完好的电压表并联在

灯泡 L 两端来判断故障,那么下列说法中正确的是(　　)。

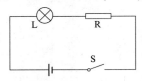

图 2-18　习题图 3

A. 若电压表无示数,一定是灯 L 短路
B. 若电压表无示数,一定是电阻 R 断路
C. 若电压表有示数,一定是灯 L 断路
D. 若电压表有示数,可能是电阻 R 短路

三、简答题

1. 什么是电路?电路主要由哪几部分组成?各起什么作用?

2. 什么是短路?为什么要避免短路?

3. 使用直流电压表应注意哪些事项?

项目三　电流、电位与电压的计算

学习目标

完成本项目学习后,你应能:
1. 能够叙述电流、电压与电位的概念;
2. 掌握电流、电压与电位的单位及计算公式,并能进行计算;
3. 能够叙述电动势的定义及公式,掌握电动势的单位和方向;
4. 掌握电路中电位的计算方法,并能进行计算。

建议学时

4 学时。

一、电流

电荷的定向运动称为电流。在金属导体中,电流是电子在外电场力作用下定向运动形成的。图 3-1 所示为一段金属导体,负电荷(自由电子)在电场力的吸引下由 b 端向 a 端移动而形成电流,但其效果与等量的正电荷在电场力作用下运动方向是一致的。因此,习惯上把导体中电流的实际方向规定为正电荷在电场力作用下运动的方向,即由高电位向低电位运动的方向。在图 3-1 中,导体内电流的方向由 a 端流向 b 端。

在分析电路时,电流的实际方向往往难以判断,此时可以先假定一个方向作为电流的参考方向,用带箭头的实线表示。若参考方向与实际方向一致,则电流值为正值;若参考方向与实际方向相反,则电流值为负值。如图 3-2 所示,电流的参考方向与实际方向相反。

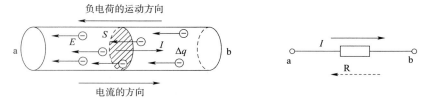

图 3-1　电流的方向　　　　图 3-2　电流方向的判断

计量电流大小的物理量称为电流强度,简称电流。电流强度的定义为单位时间内通过导体横截面的电量,用字母 I 表示。如果 t 秒内流经导体横截面的电量为 Q,电流不随时间的变化而变化,则电流的定义式为:

$$I = \frac{Q}{t} \tag{3-1}$$

若电流是不断变化的,可以把时间取得极短来研究这一时刻电流的大小。若在 Δt 时间

内,通过导体横截面的电量变化是 ΔQ,则这一时刻对应的电流 i 为:

$$i = \frac{\Delta Q}{\Delta t} \tag{3-2}$$

在国际单位制中,电流的单位为安培,简称安,用字母 A 表示。实际中,常用的电流单位还有千安(kA)、毫安(mA)、微安(μA)、纳安(nA),它们之间的换算关系为:

$$1A = 10^3 mA = 10^6 \mu A = 10^9 nA$$
$$1kA = 10^3 A$$
$$1mA = 10^{-3} A$$
$$1\mu A = 10^{-3} mA = 10^{-6} A$$

电流既表示一种物理现象(即电荷的定向移动),又代表一个物理量(即单位时间内穿过导体横截面的电量)。

实际中的电流可分为两类(图 3-3):一类是大小和方向不随时间变化的电流,称为直流电流;另一类是大小和方向随时间而变化的电流,称为交流电流。

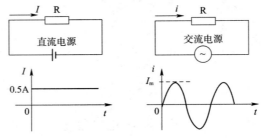

图 3-3 直流电和交流电

二、电压

电压是衡量电场力做功本领大小的物理量。a、b 两点之间的电压 U_{ab},在数值上就等于电场力将单位正电荷从 a 点移到 b 点所做的功,用公式表示为:

$$U_{ab} = \frac{W_{ab}}{q} \tag{3-3}$$

式中:W_{ab}——电场力所做的功(J);
$\qquad q$——被移动电荷的电量(C);
$\qquad U_{ab}$——a、b 两点间的电压(V)。

在国际单位制中,电压的单位为伏特,简称伏,用字母 V 表示。把 1C(库仑)的正电荷从 a 点移到 b 点,电场力所做的功为 1J(焦耳),则 a、b 两点间的电压为 1V。电压的实际方向为高电位指向低电位。实际中,电压常用的单位有千伏(kV)、毫伏(mV)和微伏(μV),它们的换算关系为:

$$1kV = 10^3 V \qquad 1mV = 10^{-3} V \qquad 1\mu V = 10^{-6} V$$

三、电位

实际中,人们为了分析和研究方便,通常需要选定某一点作为参考点,假定其电位为零,此时电路中其他各点的电位都是较参考点而言的。或者说,电路中某点的电位就是这一点和参考点之间的电压。

参考点又叫零电位点。当某点的电位大于零时,表示该点电位高于参考点电位;当某点电位小于零时,表示该点电位低于参考点电位。

电场力做功,则电压为正,电场力做负功,则电压为负。即:

$$U_{ab} = -U_{ba} \tag{3-4}$$

如图3-4所示,将单位正电荷自 a 点移动到参考点 o,电场力所做的功应等于 a 点到 b 点电场力所做的功与 b 点到 o 点电场力所做功之和,即:$U_{ao} = U_{ab} + U_{bo}$。a、b 两点间的电压就是这两点间的电位差,所以电压也叫电位差或电压降。则:

$$U_{ab} = U_{ao} - U_{bo} \tag{3-5}$$

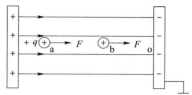

图3-4 电场力做功

原则上,参考点可以任意选择,但为了统一,工程上常选大地为参考点。机壳需要搭铁的设备,就可以把机壳作为参考点,凡是与机壳直接相连的各点电位均为零。有些电子设备,机壳虽然不搭铁,但许多元件都接到一条公共线,通常就把这条公共线选作参考点,此时参考点也称为"搭铁",在电路图中用符号"⊥"表示。在汽车上常以车身为参考点,称为"搭铁"。在进行电路分析时,电位会将烦琐和复杂的问题变得简单明了。

四、电动势

电源是将其他形式的能转换为电能,维持电路两端电位差(电压)的装置。不同的电源转换电能的本领不同,用电动势来衡量。所谓电动势,就是电源内部电源力(外力)把单位正电荷从负极移到正极所做的功。如果移动的电量是 Q,电源力所做的功是 W,则根据定义有:

$$E = \frac{W}{Q} \tag{3-6}$$

式中:W——外力对电荷所做的功(J);

Q——外力移动的电量(C);

E——电源的电动势(V)。

电动势的大小只取决于电源本身的性质,对给定的电源,W/Q 为定值,与外电路无关。例如,干电池的电动势为 1.5V,汽车蓄电池组的电动势有 6V 和 12V 两种。电动势的方向规定为从电源的负极指向正极,即电位升高的方向,与电压的方向相反。

(一)电源相关基本概念

(1)电源作用:为电路提供电压(提供电能),将其他形式能转化为电能。

(2)电源分类:直流电源和交流电源。

(3)电源两极:正极(高电位)负极(低电位)。

(4)端电压:两极间的电位差,也称电源电压。

(5)外电路:电源以外的电路。

(6)内电路:电源以内的电路。

(7)电源力:电源将正电荷从负极送到正极的能力。

(8)电源电压常见值:干电池 1.5V、蓄电池 2V、人体安全电压 36V、照明电压 220V、动力 380V。

(二)电源电动势

(1)电源电动势:电源力将单位正电荷从电源负极移到正极所做的功。
(2)电源电动势的表示:E。
(3)电源电动势单位:伏特,简称伏,用字母 V 表示。
(4)电源电动势公式:$E = W/Q$。
(5)电源电动势的大小和方向:大小等于电源两端电位差(端电压),方向与电源电压相反。
(6)电源电动势只与电源的性质有关,与外电路无关,与电路通断无关。

(三)电动势与电压的区别

(1)电动势与电压物理意义不同。电动势表示非电场力做功的本领,电压表示电场力做功的本领。
(2)电动势与电压的位置不同。同一个电源既有电动势又有电压,电动势存在于电源内部;电压不仅存在电源内部,也存在于电源外部。电源电动势数值上等于电源两端开路电压。
(3)电动势与电压方向不同。电动势是从低电位指向高电位,即电位升的方向;电压是指从高电位指向低电位,即电位降的方向。

五、电位的计算

要计算电路中某点的电位,只要从这一点通过一定的路径绕到零电位点,该点的电位等于此路径上全部电压降的代数和。要注意每一项电压的正负值,如果在绕行过程中从正极到负极,此电压则为正;反之从负极到正极,此电压则为负。电压可以是电源电压,也可以是电阻上的电压。电源电压的正负极是直接给出的,电阻上电压的正负极则是根据电路中电流的方向来确定的。

综上所述,计算电路中某点电位的步骤可归纳为:
(1)根据题意选择一个合适的点为零电位点;
(2)确定电路中电路方向和各元件两端电压的正负极;
(3)从被求点出发通过一定的路径绕到零电位点,则该点的电位等于此路径上全部电压降的代数和;
(4)计算该点与参考零电位间的电压,要注意该路径计算某点的电位的绕行方向和参考方向间的关系。绕行方向和参考方向相同电压值为正,绕行方向和参考方向相反电压值为负。绕行时如遇到电源,则先经电源正极时加上电源的电动势,反之减去电动势。

【例 3-1】 如图 3-5 所示电路,已知:$E_1 = 45V$,$E_2 = 12V$,电源内阻忽略不计;$R_1 = 5\Omega$,$R_2 = 4\Omega$,$R_3 = 2\Omega$。求 B、C、D 三点的电位 U_B、U_C、U_D。

解:利用电路中 A 点为电位参考点(零电位点),
电流方向为顺时针方向:

$$I = \frac{E_1 - E_2}{R_1 + R_2 + R_3} = 3A$$

B 点电位：$U_B = U_{BA} = -R_1 I = -15\text{V}$；
C 点电位：$U_C = U_{CA} = E_1 - R_1 I = 45 - 15 = 30\text{V}$；
D 点电位：$U_D = U_{DA} = E_2 + R_2 I = 12 + 12 = 24\text{V}$。

必须注意的是，电路中两点间的电位差（电压）是绝对的，不随电位参考点的不同发生变化，即电压值与电位参考点无关。而电路中某一点的电位则是相对的，电位参考点不同，该点电位值也将不同。例如，在例 3-1 中，假如以 E 点为电位参考点，则：

B 点的电位变为：$U_B = U_{BE} = -R_1 I - R_2 I = -27\text{V}$；
C 点的电位变为：$U_C = U_{CE} = R_3 I + E_2 = 18\text{V}$；
D 点的电位变为：$U_D = U_{DE} = E_2 = 12\text{V}$。

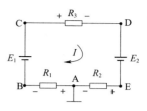

图 3-5　例 3-1 图

【例 3-2】　如图 3-6 所示，已知电阻 $R_1 = 2\Omega$，$R_2 = 3\Omega$，电源电动势 $E = 6\text{V}$，内阻不计，C 点接地，电流 $I = 0.5\text{A}$，从 A 流向 D，试求：

（1）AB、BC、CD 两点间的电压 U_{AB}、U_{BC}、U_{CD}。
（2）AC、BD 两点间的电压 U_{AC}、U_{BD}。

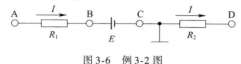

图 3-6　例 3-2 图

解：

（1）$U_{AB} = I R_1 = 0.5 \times 2 = 1\text{V}$，$U_{BC} = E = 6\text{V}$
　　$U_{CD} = I R_2 = 0.5 \times 3 = 1.5\text{V}$

（2）$U_{AC} = U_{AB} + U_{BC} = I \times R_1 + E = 0.5 \times 2 + 6 = 7\text{V}$
　　$U_{BD} = U_{BC} + U_{CD} = E + I R_2 = 6 + 0.5 \times 3 = 7.5\text{V}$
　　$U_{AD} = U_{AB} + U_{BC} + U_{CD} = I R_1 + E + I R_2 = 0.5 \times 2 + 6 + 0.5 \times 3 = 8.5\text{V}$

思考与练习

一、填空题

1. 电流是_____定向移动形成的。它的大小用_____衡量，习惯上把_____的定向移动的方向规定为电流的方向。

2. 电压是描述电路中电场力_____的物理量。规定电压的正方向从_____指向_____，对负载来说，电流流入端为_____端，电流流出端为_____端，因此负载中_____方向和_____方向一致。

3. 电路中某点的电位，实际上就是该点与参考点之间的_____。电位是_____量，与参考点的选择_____；电压是_____量，与参考点的选择_____。

4. 在电源内部，电源力把单位正电荷从_____所做的功，称为电源电动势，其大小只取决于_____的性质，方向规定为从_____指向_____，与电压的方向相_____。

5. 已知 $U_a = -10\text{V}$，$U_b = 10\text{V}$，则 $U_{ab} = $_____V；已知 $U_{ab} = 30\text{V}$，$U_b = 40\text{V}$，则 $U_a = $_____V。

二、判断题

1. 导体中的电流由电子流形成,所以习惯上规定电子流的方向就是电流的方向。（   ）
2. 在电路中,电流的方向与电压的方向相同。（   ）
3. 电源电动势大小不仅与电源本身的特性有关,而且还与外电路有关。（   ）
4. 参考点的选择不同,各点的电位也不相同。（   ）
5. 电压也叫电压差,与参考点的选择有关。（   ）
6. 电源的电动势等于端电压和内电阻压降之和。（   ）
7. 电压是使导体中的自由电荷定向移动形成电流的原因。（   ）
8. 电源的两极间保持一定的电压。（   ）
9. 干电池和蓄电池的电压都是2V。（   ）
10. 绝对不允许用电压表直接并联在电源两极上测量电源电压。（   ）
11. 某点电位就是该点与参考点之间的电压。（   ）
12. 参考点选的不同,则各点的电位相同。（   ）
13. 电流总是从低电位流向高电位。（   ）
14. 电位与电压关系 $U_{AB} = V_A - V_B$,电压与参考点的选择无关。（   ）

三、选择题

1. 在导电液体中形成电流的原因是（   ）。
   A. 电子的定向运动　　　　　　B. 电解质流动
   C. 质子的定向运动　　　　　　D. 离子的定向运动
2. 电路中任意两点的电位之差称为（   ）。
   A. 电动势　　　B. 电位　　　C. 电压　　　D. 电势
3. 电位值有正值和负值,某点的电位为正值,表示该点的电位比（   ）点高,某点的电位为负值,表示该点的电位比（   ）点低。
   A. 参考点,接地点　　　　　　B. 参考点,参考点
   C. 接地点,参考点　　　　　　D. 接地点,接地点
4. 电压值有正值和负值,如电压 U_{BA} 为正值,表示 B 和 A 两点中（   ）电位高,（   ）电位低;如电压 U_{DA} 为负值,表示 D 和 A 两点中（   ）电位高,（   ）电位低。
   A. B 点,A 点;D 点,A 点　　　B. A 点、B 点;D 点,A 点
   C. A 点,B 点;A 点,D 点　　　D. B 点,A 点;A 点,D 点

四、计算题

1. 一台发电机用 0.5A 电流向外输电,在 1min 内将 180J 的机械能转化为电能,则发电机的电动势是多少?

2. 已知 a,b 两点间的电压为 $U_{ab} = 10V$,若以 a 点为参考点,它们的电位各为多少?若以 b 点为参考点,它们的电位又为多少?

五、简答题

1. 电流、电压和电动势的方向是如何规定的？电流方向与其电压方向有何关系？电动势方向和电源端电压方向有何关系？

2. 什么是电流？什么是电压？什么是电位？

3. 电压与电位的区别是什么？计算电位的步骤是什么？

项目四　欧姆定律验证

学习目标

完成本项目学习后,你应能:

1. 能够叙述部分电路欧姆定律的内容,并能利用 $I = \dfrac{U}{R}$ 计算;
2. 能够叙述全电路欧姆定律的内容,并能利用 $I = \dfrac{E}{R+r}$ 计算;
3. 能够叙述负载电流与端电压的关系,并能画出电源外特性曲线。

建议学时
4 学时。

一、欧姆定律

(一) 部分电路欧姆定律

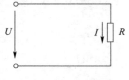

图 4-1　部分电路

不含电源的一段电路称为部分电路,如图 4-1 所示。

流过导体中的电流与这段导体两端的电压成正比,与这段导体的电阻成反比。这种规律叫部分电路欧姆定律。其数学表达式为:

$$I = \frac{U}{R} \tag{4-1}$$

或

$$U = IR \tag{4-2}$$

式中:U——导体两端的电压(V);
　　　I——通过导体的电流(A);
　　　R——导体的电阻(Ω)。

(1) 在利用欧姆定律的公式计算时,一定要统一到国际制单位后再进行计算,欧姆定律公式中的各个物理量要具有同一性,即 I、U、R 是对同一段导体和同一时刻而言。

(2) 将部分电路欧姆定律公式变形可得:$R = U/I$,带入数据求解,不能说电阻值与外加电压成正比,与电阻中的电流成反比。R 是客观存在的,R 只取决于温度、材料、长度和截面尺寸,与外加电压和电阻中的电流无关,公式 $R = U/I$ 只能说明,对于同一电阻,当电阻两端的电压升高(或降低)时流过电阻的电流将相应增加(或减小)。

(3) 电阻的单位有兆欧(MΩ)、千欧(kΩ)、欧(Ω),换算关系为:

$$1 \text{MΩ} = 10^3 \text{kΩ} = 10^6 \text{Ω}$$

【例 4-1】 如果某人的身体电阻在 3～4kΩ 之间，为了安全起见，通过人体的电流不能超过 5mA，那么此人接触的安全电压是多少？

解：当此人身体电阻按 3kΩ 计算时，根据式(4-2)得：
$$U = IR = 5 \times 10^{-3} \times 3000 = 15V$$

当此人身体电阻按 4kΩ 计算时，同理得：
$$U = IR = 5 \times 10^{-3} \times 4000 = 20V$$

答：此人接触的安全电压为 15～20V。

（二）全电路欧姆定律

全电路指含有电源的闭合电路，也称闭合电路，如图 4-2 所示。

电路分为内电路和外电路两部分，通常把电源内部的电路称为内电路，电源外部的电路称为外电路。

外电路：电源外部的电路，包括用电器、导线、开关等；

内电路：电源内部的电路，一般是线圈（发电机）、导电溶液（化学电池）；

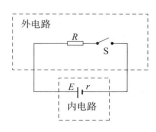

图 4-2　全电路

外电阻：外电路的总电阻，用 R 表示；

内电阻：内电路的电阻，通常为电源的内电阻，简称内阻，用 r 表示；

外电压：外电路两端的电压，通常称为路端电压，用 $U_{外}$ 表示；

内电压：内电路两端的电压，用 $U_{内}$ 表示。

1. 电源电动势 E

电源的电动势由电源本身性质决定，在数值上等于电源没有接入电路时其两极间的电压。用字母 E 表示，单位为伏(V)。

物理意义：描述电源把其他形式的能转化为电能的本领大小的物理量。

2. 全电路欧姆定律公式

全电路中的电流强度 I 与电源的电动势 E 成正比，与整个电路的电阻（即内电路电阻 r 与外电路负载电阻 R 总和）成反比。这个规律叫全电路欧姆定律。其数学表达式为：

$$I = \frac{E}{R+r} \tag{4-3}$$

或
$$E = IR + Ir = U_{外} + U_{内} \tag{4-4}$$

【例 4-2】 人造卫星常用太阳能电池供电，太阳能电池有许多片电池板组成。某电池板的电动势是 5V，如果直接用该电池板向电阻为 40Ω 的外电路供电，供电电流是 0.1A。那么外电路的路端电压和电池板的内阻分别是多少？

解：根据部分电路的欧姆定律 $I = \dfrac{U}{R}$ 得：

路端电压 $U_{外} = IR = 0.1 \times 40 = 4V$

根据全电路欧姆定律 $E = IR + Ir$ 得：

电池板的内阻 $r = \dfrac{E}{I} - R = \dfrac{5}{0.1} - 40 = 10Ω$

或 $r = (E - U_{外})/I = (5-4)/0.1 = 10Ω$

答：外电路的路端电压为4V，电池板的内阻为10Ω。

二、电源外特性及电源外特性曲线

(一) 电源外特性

电源的外特性就是电源的端电压和电流 I 的关系。

由闭合电路欧姆定律知：

$$E = IR + Ir = U_{外} + U_{内}$$

得：

$$U_{外} = E - U_{内} = E - Ir$$

对给定的电源，E 和 r 是不变的。当负载电阻 $R \to \infty$ 时(相当于电路断开)，$I = 0$，$U_{外} = E$，即电源的电动势在数值上等于开路电压；当负载 R 变小时，电流 I 变大，内阻 r 的内压降也变大，端电压 $U_{外}$ 就变小；当负载电阻 $R = 0$ 时(即短路)，$I = \dfrac{E}{r}$，但电源的内阻一般都很小，电路中的电流 I 比正常工作情况下电流要大得多，如果没有保护装置，会导致电源和导线的损坏。

(二) 电源外特性曲线

电源外特性曲线就是电源的端电压和电流 I 的关系特性曲线，如图4-3所示。

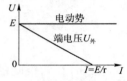

图4-3 电源的外特性曲线

(1) 当电流 $I = 0$ 时，$U_{外} = E$；

(2) 当电流 $I \neq 0$ 时，$U_{外} = IR$，斜线的斜率即为电源的内阻；

(3) 当电源短路时，$I = \dfrac{E}{r}$，电流很大，$I_{短} = \dfrac{E}{r}$，端电压等于零，$U_{外} = 0$。

思考与练习

一、填空题

1. 在电阻一定的情况下，导体的电流强度跟这段导体_____成_____。

2. 一段导体两端电压是4V，导体中的电流强度是1A，若导体两端电压是2V，则导体中的电流强度是_____A。

3. 某电路两端电压一定，电路两端接入10Ω的电阻时，通过导体的电流强度是1.2A，若改接24Ω电阻时，则通过电路的电流强度是_____A。

4. 欧姆定律的内容是：导体中的电流强度跟_____成正比；跟_____成反比。数学表达式为_____。公式中的物理量的符号：_____表示_____，_____表示_____；_____表示_____。

5. 电路通常有_____、_____和_____三种状态。

6. 铭牌上标有"6V　10Ω"的电铃，要串联一个_____欧姆的电阻，才能使它在9V的电压下正常工作。

7. 在一段导体两端加2V电压时，通过它的电流强度是0.4A，这段导体的电阻是_____Ω；如果在它两端不加电压，通过它的电流强度是_____A，这段导体的电阻是

_____ Ω。

8.导体两端电压是6V,通过导体的电流强度是0.4A,导体的电阻是_____ Ω;若该导体两端电压为9V,则通过该导体的电流强度为_____ A。

9.一段导体两端的电压是12V时,导体中的电流强度是4A,如果这段导体两端的电压降低到6V,导体中的电流强度是_____ A,这段导体的电阻是_____ Ω。

10.电源_____ 随_____ 变化的关系称为电源外特性。

二、判断题

1.电源电动势的大小由电源本身性质所决定,与外电路无关。   （   ）

2.导体的电阻永远不变。   （   ）

3.电源的电动势等于内电压和外电压之和。   （   ）

4.闭合电路中的电流与电动势成反比,与电路的总电阻成正比。   （   ）

5.根据欧姆定律,电阻与电压成正比。   （   ）

6.对于一段电路,I、U、R 三个物理量中,只要知道其中两个物理量,就可以算出第三个物理量。   （   ）

7.电阻R大小是由加在电阻两端的电压U和流过电阻的电流I共同决定的。 （   ）

8.我们规定自负极通过电源内部指向正极的方向为电动势的方向。   （   ）

9.电阻越大,电流越小。   （   ）

10.电阻两端电压为10V时,电阻值为10Ω;当电压升至20V,电阻值将变为20Ω。
                                                                  （   ）

三、选择题

1.根据欧姆定律公式 $I=\dfrac{U}{R}$,可导出 $R=\dfrac{U}{I}$,由此公式得出的正确结论是(   )。

 A.导体电阻的大小跟导体两端电压成正比

 B.导体电阻的大小跟导体中电流强度成反比

 C.因为I与U成正比,所以导体电阻的大小跟导体两端的电压和通过导体中的电流强度无关

2.从欧姆定律可以导出公式 $R=\dfrac{U}{I}$,此式说明(   )。

 A.当电压增大时,电阻R也增大

 B.当电流强度增大时,电阻R减小

 C.电阻是导体本身的性质,当电压为零时,电阻阻值不变

 D.当电压为零时,电阻R也为零

3.如图4-4所示的电路接通时,滑动变阻器的滑动触头由a滑到b的过程中(   )。

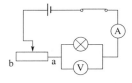

图4-4 习题图1

A. 安培表和伏特表的示数都变小

B. 安培表和伏特表的示数都变大

C. 安培表的示数变大,伏特表的示数变小

D. 安培表的示数变小,伏特表的示数变大

4. 如图 4-5 所示电路,滑动变阻器 R_1 的电阻是 500Ω,R_2 的电阻是 300Ω,变阻器滑片 P 与伏特表一端相连,当滑动片 P 由 a 向 b 滑动时,伏特表的读数变化范围是(　　)。

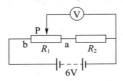

图 4-5　习题图 2

A. 0～6V　　　　B. 3.75～6V　　　　C. 2.25～6V　　　　D. 0～3.75V

5. 有一条电阻线,在其两端加 1V 电压时,测得电阻值 0.5Ω,如果在其两端加 10V 电压时,其电阻值应为(　　)。

A. 0.5Ω　　　　B. 5Ω　　　　C. 0.05Ω　　　　D. 20Ω

6. 一导体接在某电路中,如果把加在该导体两端的电压减少到原来的一半,则导体的电阻和通过它的电流的变化情况是(　　)。

A. 都减少到原来的一半　　　　B. 都保持不变

C. 电阻不变,电流是原来的一半　　　　D. 电阻不变,电流是原来的 2 倍

7. 甲、乙两导体通过相同的电流,甲所需的电压比乙所需的电压大。则它们的阻值大小的关系是(　　)。

A. 甲的电阻大于乙的电阻　　　　B. 甲的电阻等于乙的电阻

C. 甲的电阻小于乙的电阻　　　　D. 无法比较

8. 在"伏安法测电阻"的实验中,滑动变阻器不能起到的作用是(　　)。

A. 改变电路中的电流　　　　B. 改变被测电阻两端的电压

C. 改变被测电阻的阻值　　　　D. 保护电路

9. 对欧姆定律公式 $I=\dfrac{U}{R}$ 的理解,改为下面错误的是(　　)。

A. 对某一段导体来说,导体中的电流跟它两端的电压成正比

B. 在相同电压的条件下,不同导体中的电流跟电阻成反比

C. 导体中的电流既与导体两端的电压有关,也与导体的电阻有关

D. 因为电阻是导体本身的一种性质,所以导体中的电流只与导体两端的电压有关,与导体的电阻无关

四、计算题

1. 有一灯泡接在 220V 的直流电源上,此时电灯的电阻为 484Ω,求通过灯泡的电流。

2. 某电源的外特性曲线如图 4-6 所示,求此电源的电动势 E 及内阻 r。

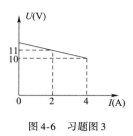

图 4-6　习题图 3

3. 装有 4 节干电池的手电筒,小灯泡灯丝电阻是 10Ω,求:手电筒工作时通过灯丝的电流强度是多少?

4. 某导体两端电压是 12V,通过它的电流强度是 0.9A,欲使通过它的电流强度为 0.6A,加在它两端的电压应是多大?

5. 如图 4-7 所示,R_1、R_2、R_3 串联在电源电压 $U=12V$ 的电路中,$R_1=30\Omega$,电流表的示数为 0.2A,电压表的示数为 4V,求 R_2、R_3 的阻值。

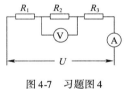

图 4-7　习题图 4

五、实验题

在电阻不变的条件下,实验中三个阶段的电路自左至右如图 4-8 所示,测得的读数见表 4-1。

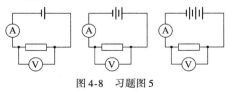

图 4-8　习题图 5

实验题伏特表与安培表读数　表 4-1

阶段	1	2	3
伏特表读数(V)	2	4	6
安培表读数(A)	0.5	1	1.5

(1) 研究这些数据,找出电流强度和电压关系。

(2) 在这个电路中产生 2A 电流,需要加多大电压?

(3)电路中电阻的阻值是多少?

(4)若换用较大阻值的电阻,安培表读数怎样变化?

六、简答题
电路主要由哪些部分组成?它们的主要功能是什么?

项目五 电阻串并联特点验证

学习目标

完成本项目学习后,你应能:

1. 能够识别并画出简单的串联电路图并进行相关计算;
2. 能够识别并画出简单的并联电路图并进行相关计算;
3. 能够对照电路图写出电阻串、并联电路的特点并能画出简单电阻混联电路的等效电路图;
4. 能够写出电阻串、并联电路特点验证的实验器材、实验原理实验注意事项及实验步骤。

建议学时

4 学时。

一、电阻串联

如果电路中有两个或更多个电阻一个接一个地顺序相连,并且在这些电中通过同一电流,则这样的接法就称为电阻的串联,如图 5-1 所示。

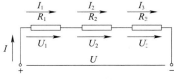

图 5-1 电阻串联

(一)串联电路的特点

(1)电流只有一条路径。
(2)通过一个元件的电流同时也通过另一个元件。
(3)电路中只需要一个开关,且开关的位置对电路没有影响。

(二)根据实验可以发现,电阻串联遵循如下规律

(1)串联电阻中流过每个电阻的电流都相等,即

$$I = I_1 = I_2 = I_3 = \cdots = I_n \tag{5-1}$$

(2)电阻串联后的等效电阻(即总电阻)等于各分电阻的总和,即

$$R = R_1 + R_2 + R_3 + \cdots + R_n \tag{5-2}$$

(3)总电阻两端的总电压等于各个电阻两端电压之和,即

$$U = U_1 + U_2 + U_3 + \cdots + U_n \tag{5-3}$$

(4)一个电阻上的电压与总电压之比等于各电阻与总电阻之比,即

$$\frac{U_1}{U} = \frac{R_1}{R_1 + R_2 + R_3 + \cdots + R_n} \tag{5-4}$$

【例 5-1】 两个电阻 R_1、R_2 串联,总电阻 100Ω,总电压为 60V,欲使 $U_2 = 12V$,试求 R_1、R_2。

解:

$$电流\ I = \frac{U}{R} = \frac{60}{100} = 0.6A$$

$$R_2 = \frac{12}{0.6} = 20Ω$$

$$R_1 = 100 - 20 = 80Ω$$

二、电阻并联

如果电路中有两个或更多个电阻连接在两个公共的结点之间,则这样的连接法就称之为电阻的并联。在各个并联支路(电阻)上受到同一电压,如图 5-2 所示是三个电阻并联的电路。

注: 两电阻并联可用符号"//"表示,如 R_1 与 R_2 并联,则可写成 $R_1 // R_2$。

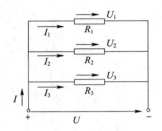

图 5-2 电阻并联

(一) 并联电路的特点

(1) 电流有两条或多条路径;

(2) 各元件可以独立工作;

(3) 干路的开关控制整个干路,支路的开关只控制本支路。

(二) 根据实验可以发现,电阻并联遵循如下规律

(1) 电路中各支路两端电压相等,即

$$U = U_1 = U_2 = U_3 = \cdots = U_n \tag{5-5}$$

(2) 电路中的总电阻倒数等于各支路电阻倒数之和,即

$$\frac{1}{R} = \frac{1}{R_1} + \frac{1}{R_2} + \frac{1}{R_3} + \cdots + \frac{1}{R_n} \tag{5-6}$$

(3) 电路中的总电流等于各支路的电流之和,即

$$I = I_1 + I_2 + I_3 + \cdots + I_n \tag{5-7}$$

三、电阻混联电路

电路中既有电阻串联又有电阻并联的电路,叫混联电路,如图 5-3 所示。

分析混联电路时,必须先清楚混联电路中各电阻之间的连接关系,然后应用串、并联电路的特点,求出单纯的串联和并联部分的各等效电阻,最后求出电路的总电阻。

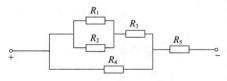

图 5-3 电阻混联

如果混联电路比较复杂,各电阻之间的串、并联关系一时看不清,可先画等效电路图找出各电阻之间的串、并联关系,然后再分析计算,计算时按串、并联各自的特点进行。画等效电路图的方法是:先在电路中各电阻的连接点上标注字母(A,B,C,D),并将各字母按顺序在水平方向排列(一般将待求字母放两端),然后把各电阻接入相应字母之间,最后依次画出简化过程中的等效电路图,如图 5-4 所示。

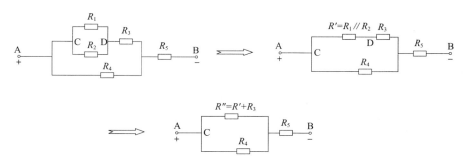

图 5-4 混联电路的简化过程

思考与练习

一、填空题

1. 串联电阻中流过每个电阻的电流都_____；串联后的总电阻与各分电阻的关系是_____。

2. 并联电路中各支路两端电压_____；电路中的_____等于各支路电阻倒数之和；电路中的总电流_____各支路的电流之和。

3. 有一种节日小彩灯上串联着 20 只小灯泡，如果电源插头处的电流为 200mA，则通过小灯泡的电流是_____A。

4. 家用电器一般采用_____联的连接方法。

5. 将电阻值为 6Ω 和 3Ω 的电阻并联时，总电阻为_____Ω。

6. 已知两个电阻的数值 $R_1 = R_2 = 10\Omega$，则这两个电阻串联后的总电阻是_____Ω，这两个电阻并联后的总阻值是_____Ω。

7. 修理某用电器时，需要一只 4.5Ω 的电阻，现有 1Ω 电阻 2 只，9Ω 电阻 4 只，4Ω 电阻 2 只，应选用_____Ω 电阻_____只_____联。

8. 有两只电阻，$R_1 = 3\Omega$，$R_2 = 6\Omega$，若把它们串联后接到电压为 6V 的电源上，这两只电阻两端的电压之比为 $U_1 : U_2 =$ _____，若将它们并联后接到同一电源上，则通过它们的电流强度之比为 $I_1 : I_2$ _____。

9. 导体甲的电阻比导体乙的电阻大。若把它们串联在电路里，则甲两端的电压比乙两端的电压_____；若把它们并联在电路里，则通过的电流强度甲比乙_____。

10. 电阻 $R = 12\Omega$，要使加在 R 两端的电压是电路总电压的 2/3，必须给 R _____联一个_____Ω 的电阻；要使通过 R 的电流是总电阻的 1/4，必须给 R _____联一个_____Ω 的电阻。

二、判断题

1. 通过一只灯泡的电流也全部通过一只电铃，电铃和灯泡一定串联。（   ）
2. 一个开关同时控制两个用电器，这两个用电器一定是并联的。（   ）
3. 马路上的路灯看上去是排成一串串的，所以它们的连接方法是串联。（   ）
4. 在并联电路的干路上接一开关就能控制所有支路上用电器的工作情况。（   ）

5. 小彩色灯泡接成一串，通电后发光，拿起一只灯泡其余均同时熄灭，这些灯泡是串联的。（　　）
6. 断路和短路在电路中所起的作用是相同的。（　　）
7. 实验结束后，应把开关断开后才拆线。（　　）
8. 连接电路时，从电池组的正极开始，顺着电流的方向接线。（　　）
9. 电路中开关一定接在电荷流入灯泡的前一段导线上。（　　）
10. 一个开关可以同时控制一只电灯发光和一只电铃发声，则电灯和电铃一定串联。
（　　）

三、选择题

1. 两个电阻值完全相等的电阻，若并联后的总电阻是 10Ω，则将它们串联的总电阻是（　　）。
   A. 5Ω　　　　B. 10Ω　　　　C. 20Ω　　　　D. 40Ω

2. 4 个电阻，电阻值都是 R，把它们并联起来，总电阻是（　　）。
   A. $4R$　　　　B. $R/4$　　　　C. $4/R$　　　　D. $2R$

3. 下面四对并联电阻，总电阻最小的是（　　）。
   A. 两个 4Ω　　　　　　　　B. 一个 4Ω，一个 6Ω
   C. 一个 1Ω，一个 8Ω　　　　D. 一个 2Ω，一个 7Ω

4. 今有三个电阻，它们的电阻值分别是 $a\Omega$、$b\Omega$、$c\Omega$，其中 $a>b>c$，当把它们并联相接，总电阻为 R，它们的大小关系，下列哪个判断是正确的（　　）。
   A. $c<R<b$　　　　　　　　B. $b<R<a$
   C. R 可能等于 b　　　　　D. $R<c$

5. 两个电阻值相等的电阻，每个电阻的电阻值为 R。现将其中一个电阻增大，另一个电阻减小，则并联后的总电阻将（　　）。
   A. 大于 R　　　　　　　　B. 小于 R
   C. 仍等于 R　　　　　　　D. 无法判定

6. 电阻 R_1 的阻值比电阻 R_2 小，把它们并联后，总电阻（　　）。
   A. 既小于 R_1 又小于 R_2　　　　B. 既大于 R_1 又大于 R_2
   C. 小于 R_2 而大于 R_1　　　　　D. 等于 R_1 与 R_2 之和

7. 两个完全相同的电阻，它们串联的总电阻是并联的总电阻的（　　）。
   A. 1/2　　　　B. 2 倍　　　　C. 1/4　　　　D. 4 倍

8. 在图 5-5 所示电路中，电压 U 不变，当电键 K 闭合时，安培表的读数将（　　）。

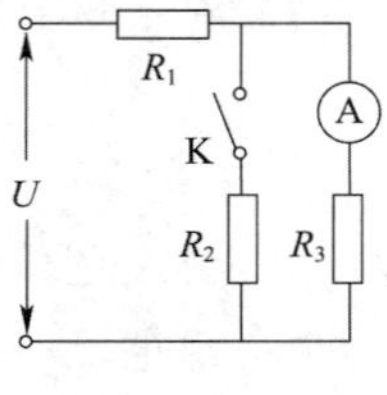

图 5-5　习题图 1

A. 变大　　　　B. 不变　　　　C. 变小　　　　D. 无法判断

9. 在图 5-6 所示电路中,电源电压保持不变,$R_1 = 3R_2$,K_1 断开时,安培表示数为 I_1;闭合时,安培表示数为 I_2。I_1 与 I_2 之比是( )。

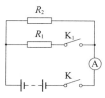

图 5-6 习题图 2

A. 1 : 3   B. 1 : 4   C. 3 : 4   D. 4 : 3

10. 已知电阻 R_1 大于电阻 R_2,将它们串联后接入电路,则 R_1、R_2 两端的电压 U_1、U_2 间的关系是( )。

A. $U_1 = U_2$ B. $U_1 > U_2$ C. $U_1 < U_2$ D. 不好判断

11. 教室里装有多盏电灯,每多开一盏灯,则教室内电路的( )。

A. 总电阻增大   B. 总电压增大
C. 总电流增大   D. 总电压、总电流都不变

12. 10 个小灯泡串联在一起,已知某处电路的电流是 100mA,则通过每个小灯泡的电流是( )。

A. 0.1mA   B. 10mA   C. 0.1A   D. 1000mA

13. 下列选项的电路中电源电压保持不变,闭合电键 S 后电流表示数增大的是( )。

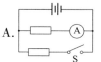 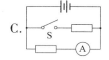 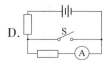

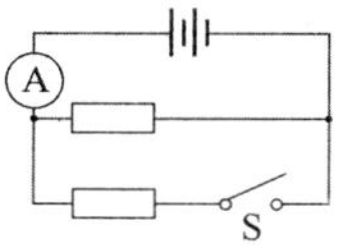

14. 两个相同的灯泡串联在一起接在某一电源上,每个灯泡两端的电压均为 U_1,若把这两个灯泡并联起来接在原来的电源上,每个灯泡两端的电压为 U_2,则( )。

A. $U_1 : U_2 = 1 : 1$ B. $U_1 : U_2 = 2 : 1$ C. $U_1 : U_2 = 1 : 2$ D. $U_1 : U_2 = 1 : 4$

15. 两只电阻组成串联电路,R_1 与 R_2 两端电压之比是 4 : 1,若将这两只电阻并联,其电流之比为( )。

A. 4 : 1   B. 3 : 1   C. 1 : 3   D. 1 : 4

四、计算题

1. 如图 5-7 所示电路中,当电键 K 闭合后,安培计的读数为 2A,伏特计的读数为 6V,如果 $R_1 = 3R_2$,求电阻 R_1、R_2 的值。

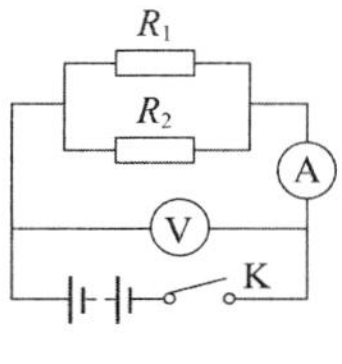

图 5-7 习题图 3

2. 把 R_1 和 R_2 串联后接在电压是5V的电源上,通过 R_1 的电流强度是0.2A, R_2 两端的电压是4V,求 R_1 和 R_2 各等于多少?

3. 如图5-8所示电路中,电阻 R_1 的阻值是5Ω,干路中的电流强度 I 是0.5A,电阻 R_2 两端的电压是2V。求:(1)通过 R_1 的电流强度;(2)通过 R_2 的电流强度;(3) R_2 的电阻值。

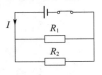

图5-8 习题图4

4. 电阻 R_1 和 R_2 串联在电路中, $R_1=5Ω$,电源电压为6V,电路中电流为0.3A,则电路中总电阻是多少? R_2 的阻值是多少?

5. 如图5-9所示电路中,灯泡 L_1 的电阻是6Ω, L_2 的电阻是4Ω, S_1 闭合、 S_2 断开时,电流表的读数是 $I_1=0.8A$; S_1 断开、 S_2 闭合时,电流表的读数为 $I_2=0.5A$ 。求灯泡 L_3 的阻值和电源电压。

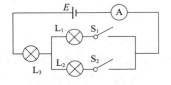

图5-9 习题图5

五、作图题

在图5-10中,将 L_1 和 L_2 连成并联电路,用电流表测 L_2 的电流,并画出它的电路图。

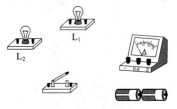

图5-10 习题图6

六、简答题

1. 电阻 R_1 与电阻 R_2 组成并联电路,试证明总电阻小于电阻 R_1、小于电阻 R_2。

2. 请分别简述串、并联电路的特点。

项目六　电阻认知与测量

学习目标

完成本项目学习后,你应能:
1. 能叙述电阻器的作用、大小、参数及种类;
2. 掌握电阻器阻值的标注方法,能根据电阻的标注说出电阻大小;
3. 能够画出"伏安法测电阻"的两种电路图,掌握两种方法的原理及适用条件。

建议学时
4 学时。

一、电阻的认识

(一)电阻(位)器

当电流通过导体时,导体对电流的阻碍作用称为电阻。在电路中起电阻作用的元件称为电阻器,简称电阻,是电子元器件应用最广泛的一种,其质量的好坏对电路的性能有较大影响。电阻的主要用途是稳定和调节电路中的电压和电流,其次还可以作为分流器、分压器和消耗电能的负载等。常用的电阻单位为欧姆(Ω),还有千欧(kΩ)和兆欧(MΩ),他们之间的换算关系为

$$1k\Omega = 10^3 \Omega$$
$$1M\Omega = 10^3 k\Omega$$

(二)电阻的大小

所有的材料或导体都有一定的电阻存在,只是它们的电阻率 ρ 的大小不同。导体的电阻值不随其端电压的大小变化而变化,是客观存在的。当温度一定时,导体的电阻与导体的长度 L 成正比,与导体的横截面积 S 成反比,还与导体的材料性质(电阻率 ρ)有关,即:

$$R = \rho \frac{L}{S} \tag{6-1}$$

其中 L、S、R 的单位分别是 m、m^2、Ω,ρ 的单位是 $\Omega \cdot m$。

可见,影响导体的电阻因素有四个:导体的材料性质、长度、横截面积和温度。导体的横截面积面积越大,电阻值越小;导体越长,电阻值越大;温度越高,电阻值通常也会随之增加。

(三)电阻的作用

电阻器在电路中起限流、分流、降压、分压、负载、匹配等作用。

(四)电阻器的分类

在电子电路中常用的电阻分三大类:阻值固定的电阻称为固定电阻或普通电阻;阻值连

续可变的电阻称为可变电阻(电位器和微调电阻);具有特殊作用的电阻器称为敏感电阻(如热敏电阻、光敏电阻、气敏电阻等)。

按制作材料分类电阻器又可分为:膜式电阻(碳膜 RT、金属膜 RJ、合成膜 RH 和氧化膜 RY)、实芯电阻(有机 RS 和无机 RN)、金属线绕电阻(RX)、特殊电阻(MG 型光敏电阻、MF 型热敏电阻)。

按制作工艺分类电阻器又可分为:通孔式电阻器和贴片式电阻器。

常用电阻的电路符号如图 6-1 所示。

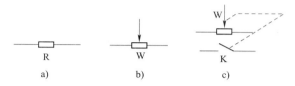

图 6-1　常用电阻电路符号
a)固定电阻;b)可变电阻;c)带开关电位器

下面分别介绍几种电阻的外形及特点。

1. 固定电阻的外形及特点

固定电阻的外形及特点见表 6-1。

固定电阻的外形及特点　　　　表 6-1

名　称	实　物　图	结构和特点
碳膜电阻		碳膜电阻是以碳膜作为基本材料,利用浸渍或真空蒸发形成结晶的电阻膜(碳膜),属于通用性电阻
金属氧化膜电阻		金属氧化膜电阻是在陶瓷机体上蒸发一层金属氧化膜,然后再涂一层硅树脂胶,使电阻的表面坚硬而不易碎坏
金属膜电阻		金属膜电阻以特种稀有金属作为电阻材料,在陶瓷基体上,利用厚膜技术进行涂层和焙烧的方法形成电阻膜
线绕电阻		线绕电阻是将电阻线绕在耐热瓷体上,表面涂以耐热、耐湿、耐腐蚀的不燃性涂料保护而成。线绕电阻与额定功率相同的薄膜电阻相比,具有体积小的优点,它的缺点是分布电感大

续上表

名　称	实物图	结构和特点
水泥电阻		水泥电阻也是一种线绕电阻,它是将电阻线绕与无碱性耐热瓷体上,外面加上耐热、耐湿及耐腐蚀材料保护固定而成的
贴片式电阻		贴片式电阻又称表面安装电阻,是小型电子线路的理想元件。它是把很薄的碳膜或金属合金涂覆到陶瓷基底上,电子元件和电路板的连接直接通过金属封装端面,不需引脚,主要有矩形和圆柱形两种
网络电阻		网络电阻又称排阻。网络电阻是一种将多个电阻按一定规律排列集中封装在一起,组合而制成的一种复合电阻。网络电阻有单列式(SIP)和双列直插式(DIP)

2. 可变电阻的外形及特点

可变电阻的外形及特点见表6-2。

可变电阻通过调节转轴使它的输出电阻发生改变,从而达到改变电位的目的,故这种连续可调的电阻又称为电位器。根据其操作方式可分为单圈式和多圈式;根据其导电介质还可分为碳膜电位器、线绕电位器、导电塑料电位器等;根据其功能又可分为音量电位器和调速电位器等。

电位器共同的特点是有一个或多个机械滑动接触端,通过调节滑动接触端即可改变电阻值,从而达到调节电路中的各种电压、电流值的目的。

可变电阻的外形及特点　　　　　　　　　　　　　　表6-2

名　称	实物图	结构和特点
碳膜电位器		碳膜电位器是目前使用最多的一种电位器。其主要特点是分辨率高,阻值范围大,滑动噪声大,耐热耐湿性不好
线绕式电位器		线绕式电位器由电阻丝绕在圆柱形的绝缘体上构成,通过滑动滑柄或旋转转轴实现电阻值的调节
贴片式电位器		贴片式电位器是一种无手动旋转轴的超小型直线式电位器,调节时需借助于工具

续上表

名 称	实 物 图	结构和特点
微调电位器	 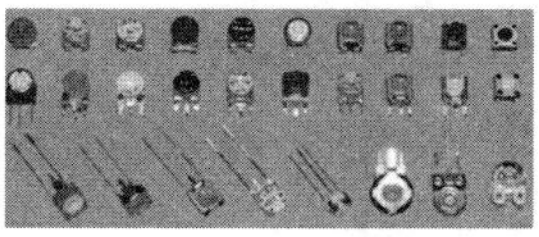	微调电位器一般用于阻值不需频繁调节的场合,通常由专业人员完成调试,用户不可随便调节
带开关电位器	  	带开关电位器是将开关与电位器合为一体,通常用在需要对电源进行开关控制及音量调节的电路中,主要用在收音机、随身听、电视机等电子产品中

3. 敏感电阻的外形及特点

敏感电阻的外形及特点见表6-3。

敏感电阻种类较多,电子电路中应用较多的有热敏电阻、光敏电阻、压敏电阻、气敏电阻、湿敏电阻、磁敏电阻等。

敏感电阻的外形及特点　　　　　　　　　　　　　　　表6-3

名 称	实 物 图	结构和特点
热敏电阻	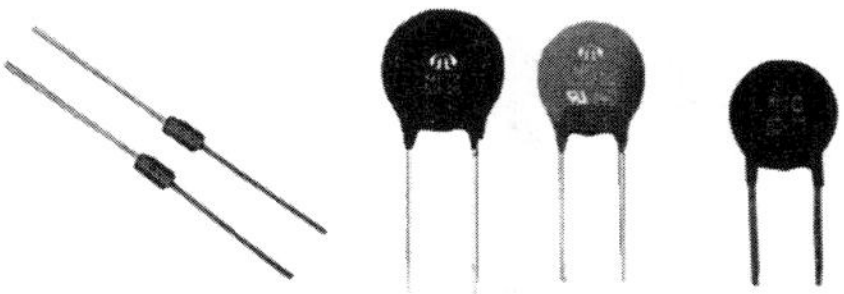 a)常见负温度系数(NTC)热敏电阻  b)正温度系数(PTC)热敏电阻	热敏电阻有正温度系数(PTC)热敏电阻和负温度系数(NTC)热敏电阻两种

续上表

名　称	实　物　图	结构和特点
光敏电阻		光敏电阻又叫光感电阻,是利用半导体的光电效应制成的一种电阻值随入射光的强弱而改变的电阻。入射光强,电阻值减小,入射光弱,电阻值增大
压敏电阻		压敏电阻是利用半导体材料的非线性制成的一种特殊电阻,是一种在某一特定电压范围内其电导随电压的增加而急剧增大的敏感元件
气敏电阻		气敏电阻是利用气体的吸附而使半导体本身的电导率发生变化这一原理将检测到的气体的成分和浓度转换为电信号的电阻
湿敏电阻		湿敏电阻是利用湿敏材料吸收空气中的水分而导致本身电阻值发生变化这一原理而制成的电阻
磁敏电阻		磁敏电阻是利用半导体的磁阻效应制造的电阻

续上表

名称	实物图	结构和特点
保险电阻		保险电阻又叫安全电阻或熔断电阻,是一种兼电阻器和熔断器双重作用的功能元件
力敏电阻		力敏电阻是一种阻值随压力变化而变化的电阻,国外称为压电电阻器。所谓压力电阻效应即半导体材料的电阻率随机械应力的变化而变化的效应

(五) 主要特性参数

(1) 标称阻值:电阻器上面所标示的阻值。

(2) 允许误差:标称阻值与实际阻值的差值跟标称阻值之比的百分数称阻值偏差,它表示电阻器的精度。允许误差与精度等级对应关系如下:±0.5% ~ 0.05、±1% ~ 0.1(或00)、±2% ~ 0.2(或0)、±5% ~ Ⅰ级、±10% ~ Ⅱ级、±20% ~ Ⅲ级。

(3) 额定功率:在正常的大气压力 90 ~ 106.6kPa 及环境温度为 -55℃ ~ +70℃ 的条件下,电阻器长期工作所允许耗散的最大功率。

线绕电阻器额定功率系列为(W):1/20、1/8、1/4、1/2、1、2、4、8、10、16、25、40、50、75、100、150、250、500。

非线绕电阻器额定功率系列为(W):1/20、1/8、1/4、1/2、1、2、5、10,在电路图中非线绕电阻器额定功率的符号表示如图6-2所示。

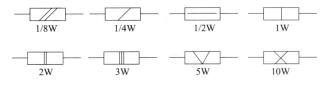

图 6-2 电阻功率的符号表示法

其中,线绕电阻瓦数在电阻体上单独标明。

(4) 额定电压:由阻值和额定功率换算出的电压。

(5) 最高工作电压:允许的最大连续工作电压。在低气压工作时,最高工作电压较低。

(6) 温度系数:温度每变化1℃所引起的电阻值的相对变化。温度系数越小,电阻的稳定性越好。阻值随温度升高而增大的为正温度系数,反之为负温度系数。

(7) 老化系数:电阻器在额定功率长期负荷下,阻值相对变化的百分数,它是表示电阻器寿命长短的参数。

(8) 电压系数:在规定的电压范围内,电压每变化1V,电阻器的相对变化量。

(9) 噪声:产生于电阻器中的一种不规则的电压起伏,包括热噪声和电流噪声两部分,热噪声是由于导体内部不规则的电子自由运动,使导体任意两点的电压不规则变化。

(六) 电阻器阻值的标注方法

(1) 直标法:用阿拉伯数字和单位符号在电阻上直接标出,用百分数直接标出允许偏差的方法称为直标法,如图6-3所示。

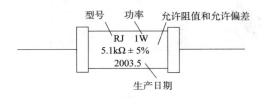

图6-3 电阻的直标法

(2) 文字符号法:用阿拉伯数字和文字符号有规律的组合,表示标称阻值和允许误差的方法称为文字符号法,如图6-4所示。

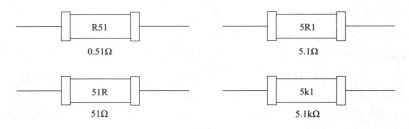

图6-4 电阻的文字符号法

R、K、M、G、T 表示电阻单位,文字符号前面的数字表示阻值的整数部分,后面的表示小数部分,例如 5k1 = 5.1kΩ

(3) 数标法:贴片电阻的阻值一般(有的外形极小的电阻除外)都用数字标在其本身上面,单位为 Ω。贴片电阻上面数字为三位数时,前两位为有效数字,第三位数表示其倍率;贴片电阻上面的数字为四位数时,前三位数为有效数字,第四位数表示其倍率。如图6-5所示。

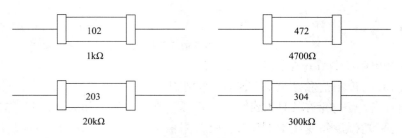

图6-5 电阻的数标法

例如,102 表示:$10 \times 10^2 = 22000\Omega = 1000\Omega = 1k\Omega$
304 表示:$30 \times 10^4 = 300000\Omega = 300k\Omega$

(4)色标法:用不同色环标注在电阻体上,表示标称阻值和允许误差的方法称为色标法。用色标法表示电阻时,根据阻值的精密情况又分为两种:普通型电阻和精密型电阻。普通型电阻体上有四条色环,前两条表示数字,第三条表示倍乘,第四条表示误差,如图6-6a)所示,各色环代表意义如表6-4所示。

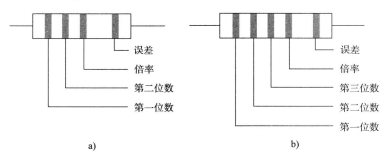

图 6-6 电阻色标法示意图
a)普通型电阻体;b)精密型电阻体

四色环电阻色环代表的意义   表6-4

颜色	第一环	第二环	第三环	第四环	颜色	第一环	第二环	第三环	第四环
	第一位数	第二位数	倍乘	误差		第一位数	第二位数	倍乘	误差
黑	—	0	$\times 10^0$	—	紫	7	7	$\times 10^7$	—
棕	1	1	$\times 10^1$	—	灰	8	8	$\times 10^8$	—
红	2	2	$\times 10^2$	—	白	9	9	$\times 10^9$	—
橙	3	3	$\times 10^3$	—	金			$\times 10^{-1}$	±5%
黄	4	4	$\times 10^4$	—	银			$\times 10^{-2}$	±10%
绿	5	5	$\times 10^5$	—	无色			—	±20%
蓝	6	6	$\times 10^6$						

例如,色环为棕绿橙金表示 $15 \times 10^3 \Omega = 15k\Omega \pm 5\%$ 的电阻。

精密型电阻的电阻体上有五条色环,前三条表示数字,第四条表示倍乘,第五条表示误差,如图6-6b)所示,各色环代表意义如表6-5所示。例如,色环为红紫绿黄棕表示 $275 \times 10^4 \Omega = 2.75M\Omega \pm 1\%$ 的电阻。

一般四色环和五色环电阻表示允许误差的色环的特点是该色环距离其他环的距离较远。较标准的表示应是表示允许误差的色环的宽度是其他色环的1.5~2倍。在五环电阻中棕色环常常既用作误差环又常作为有效数字环,且常常在第一环和最后一环中同时出现,使人很难识别哪一个是第一环,哪一个是误差环。在实践中,可以按照色环之间的距离加以判别。通常第四环和第五环(即误差环、尾环)之间的距离要比第一环和第二环之间的距离宽一些,根据此特点可判定色环的排列顺序。如果靠色环间距仍无法判定色环顺序,还可以利用电阻的生产序列值加以判别。

五色环电阻色环代表的意义   表6-5

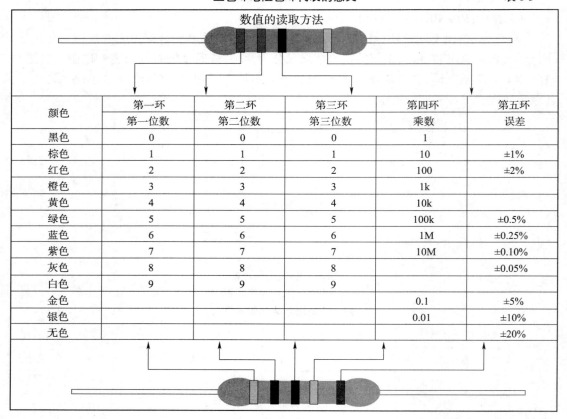

颜色	第一环 第一位数	第二环 第二位数	第三环 第三位数	第四环 乘数	第五环 误差
黑色	0	0	0	1	
棕色	1	1	1	10	±1%
红色	2	2	2	100	±2%
橙色	3	3	3	1k	
黄色	4	4	4	10k	
绿色	5	5	5	100k	±0.5%
蓝色	6	6	6	1M	±0.25%
紫色	7	7	7	10M	±0.10%
灰色	8	8	8		±0.05%
白色	9	9	9		
金色				0.1	±5%
银色				0.01	±10%
无色					±20%

二、电阻的测量

电阻器的好坏可以用仪表测试,电阻器阻值的大小也可以用有关仪器和仪表测出,测试电阻值通常有两种方法,一种是直接测试法,另一种是间接测试法。

(1)直接测试法。直接用欧姆表、电桥等仪器仪表测出电阻器阻值的方法。通常测试小于1Ω的小电阻时可用单臂电桥,测试1Ω到1MΩ电阻时可用电桥或欧姆表(或万用表),而测试1MΩ以上大电阻时应使用兆欧表。

(2)间接测试法。通过测试电阻器两端的电压及流过电阻中的电流,再利用欧姆定律计算电阻器的阻值,此方法常用于带电电路中电阻器阻值的测试。

三、"伏安法测电阻"

(一)"伏安法测电阻"的原理

测量原理是欧姆定律 $R=\dfrac{U}{I}$,即用电流表和电压表同时测出待测电阻通电时流过的电流值和待测电阻两端的电压值,根据欧姆定律公式 $R=\dfrac{U}{I}$,就可以算出它的电阻。这种测量电阻的方法称为"伏安法测电阻",有电流表外接法和电流表内接法两种。

(二)电流表外接法

电路如图 6-7 所示,其中 100Ω 电阻 R 的作用是限制电路中电流,电位器 R_P 的作用是电阻分压器作用,即分取部分电压供给待测电阻 R_{X1}。

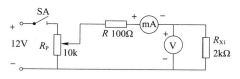

图 6-7 "伏安法测电阻"(电流表外接法)

测量时,若所测电阻 R_X 比较小,即 $R_X << R_V$ 的测量,选用电流表的外接法,如图 6-7 所示。由于该电路中电压表的读数 U 表示 R_X 两端电压,电流表的读数 I 表示通过 R_X 与 R_V 并联电路的总电流,所以使用该电路所测电阻 $R_{测} = \dfrac{U}{I_A} = \dfrac{U}{\dfrac{U}{R_V} + \dfrac{U}{R_X}} = \dfrac{R_X R_V}{R_X + R_V} < R_X$,比真实值 R_X 略小些。

(三)电流表内接法

电路如图 6-8 所示,其中 100Ω 电阻 R 的作用是限制电路中电流,电位器 R_P 的作用是电阻分压器作用,即分取部分电压供给待测电阻 R_{X1}。

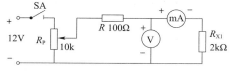

图 6-8 "伏安法测电阻"(电流表内接法)

测量时,若所测电阻 R_X 比较大,即 $R_X >> R_A$ 的测量,选用电流表内接法。由于该电路中电压表的读数 U 表示被测电阻 R_X 与电流表 A 串联后的总电压,电流表的读数 I 表示通过 R_X 的电流,所以使用该电路所测电阻 $R_{测} = \dfrac{U}{I} = \dfrac{U_A + U_X}{I} = R_A + R_X > R_X$,比真实值 R_X 大了 R_A。

(四)两种测量电路的比较

两种测量电路的比较见表 6-6。

安培表内接法、外接法的比较 表 6-6

类别	安培表内接法	安培表外接法
电路图	(电路图:V表在R与A串联组合两端)	(电路图:V表仅在R两端,A在外)
误差分析	伏特表示数 $U_V = U_R + U_A > U_R$ 安培表示数 $I_A = I_R$ $R_{测} = \dfrac{U_V}{I_A} > \dfrac{U_R}{I_R} = R_{真}$ 误差来源于安培表的分压作用	伏特表示数 $U_V = U_R$ 安培表示数 $I_A = I_R + I_V > I_R$ $R_{测} = \dfrac{U_V}{I_A} < \dfrac{U_R}{I_R} = R_{真}$ 误差来源于电压表的分流作用
两种电路的选择条件	R 越大,U_R 越接近 U_V, $R_{测} = \dfrac{U_V}{I_A}$ 越接近 $R_{真} = \dfrac{U_R}{I_R}$,可见, 为了减小误差,该电路适合测量大电阻, 即 $R >> R_A$	R 越小,I_R 越接近 I_A, $R_{测} = \dfrac{U_V}{I_A}$ 越接近 $R_{真} = \dfrac{U_R}{I_R}$,可见, 为了减小误差,该电路适合测量大电阻, 即 $R << R_V$

思考与练习

一、填空题

1. 当电流通过导体时，导体对_____称为电阻。在电路中起电阻作用的元件称为_____，简称_____。
2. 电阻器在电路中起_____、_____、_____、_____等作用。
3. 电阻器按其结构可分为三类，即_____、_____和_____。
4. 电阻器阻值的标注方法有_____、_____、_____等。
5. R45 = _____ Ω、3R2 = _____ Ω、15R = _____ Ω、4k5 = _____ Ω、6M2 = _____ Ω、102 = _____ Ω、681 = _____ Ω、8201 = _____ Ω。
6. 用色标法表示电阻时，对精密型电阻，电阻体上有_____条色环，前三条表示_____，第四条表示_____，第五条表示_____。
7. 四环电阻"棕 红 橙 银"，这电阻的阻值是：_____，误差精度是：_____%。
8. 测试电阻值通常有两种方法，一种是_____，另一种是_____。
9. "伏安法测电阻"有_____和_____两种。

二、判断题

1. 温度系数越大，电阻的稳定性越好。　　　　　　　　　　　　　（　）
2. 额定功率是电阻器长期工作所允许耗散的最小功率。　　　　　　（　）
3. 用阿拉伯数字和单位符号在电阻上直接标出，用百分数直接标出允许偏差的方法称为文字符号法。　　　　　　　　　　　　　　　　　　　　　　　　　　　（　）
4. 用不同色环标注在电阻体上，表示标称阻值和允许误差的方法称为色标法。（　）
5. 用色标法表示电阻时，普通型电阻，电阻体上有四条色环，前两条表示数字，第三条表示倍乘，第四条表示误差。　　　　　　　　　　　　　　　　　　　（　）
6. 电阻器的好坏可以用仪表测试，电阻器阻值的大小也可以用有关仪器、仪表测出。
　　　　　　　　　　　　　　　　　　　　　　　　　　　　　　（　）
7. 测试1Ω到1MΩ电阻时可用电桥或欧姆表（或万用表），而测试1MΩ以上大电阻时应使用兆欧表。　　　　　　　　　　　　　　　　　　　　　　　　（　）
8. 伏安法测电阻的原理是基尔霍夫定律。　　　　　　　　　　　　（　）
9. 电流表外接法所测电阻比真实值 R_x 略小些。　　　　　　　　　（　）
10. 电流表内接法电路适合测小电阻。　　　　　　　　　　　　　　（　）

三、选择题

1. 电阻的单位是(　　)。
   A. 欧姆　　　　　　B. 安培　　　　　　C. 伏特
2. 阻值随温度升高而增大的为(　　)。
   A. 负温度系数　　　B. 正温度系数　　　C. 零温度系数
3. 8k2 表示(　　)。
   A. 8.2Ω　　　　　　B. 8.2kΩ　　　　　C. 8.2MΩ
4. R5 表示(　　)。

A. 5Ω B. 0.5Ω C. 50Ω

5. 四环电阻"红 红 黑 银",这电阻的阻值是(　　)欧。
   A. 22 B. 2.2 C. 220
6. 色环电阻"棕 兰 红 金"这电阻的阻值是(　　)Ω。
   A. 16 B. 160 C. 1600
7. 五环电阻"黄 紫 黑 棕 紫",这电阻的阻值是(　　)Ω。
   A. 47 B. 470 C. 4700
8. 五环电阻"红 棕 黑 黑 红",这电阻的阻值是(　　)Ω。
   A. 210 B. 120 C. 2100
9. 间接测试法常用于(　　)中电阻器阻值的测试。
   A. 带电电路 B. 不带电电路 C. 以上两者均可
10. 属于电流表内接法的电路是(　　)。

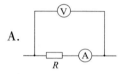
A.

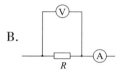
B.

四、计算题

1. 某导体的电阻 $R=1Ω$,其长度为 $1m$,横截面积为 $1mm^2$,现将其均匀拉长至原来的 2 倍,则其电阻值为多少?

2. 电路中某个电阻两端电压为 $5V$,通过电阻的电流为 $0.5A$,求电阻值大小。

3. 如图 6-9 所示,闭合开关后电流表 A_1 的示数为 $0.2A$,电流表 A_2 的示数为 $0.1A$,已知 R_0 的阻值为 $10Ω$,求 R_x 的阻值为多少欧?

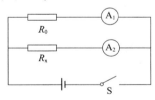

图 6-9 习题图 1

项目七　基尔霍夫定律验证

学习目标

完成本项目学习后,你应能:
1. 能叙述支路、节点、回路和网孔的概念;
2. 能够应用基尔霍夫电流定律(KCL);
3. 能够应用基尔霍夫电压定律(KVL);
4. 能够应用支路电流法解题。

建议学时
4 学时。

一、发现背景

基尔霍夫(电路)定律(Kirchhoff laws)是电路中电压和电流所遵循的基本规律,是分析和计算较为复杂电路的基础,1845 年由德国物理学家 G. R. 基尔霍夫(Gustav Robert Kirchhoff,1824～1887)提出。基尔霍夫(电路)定律包括基尔霍夫电流定律(KCL)和基尔霍夫电压定律(KVL)。

从 19 世纪 40 年代,由于电气技术发展的十分迅速,电路变得越来越复杂。某些电路呈现出网络形状,并且网络中还存在一些由 3 条或 3 条以上支路形成的交点(节点)。这种复杂电路不是串、并联电路的公式所能解决的。

刚从德国哥尼斯堡大学毕业,年仅 21 岁的基尔霍夫在他的第 1 篇论文中提出了适用于这种网络状电路计算的两个定律,即著名的基尔霍夫定律。该定律能够迅速地求解任何复杂电路,从而成功地解决了这个阻碍电气技术发展的难题。

似稳电流(低频交流电)具有的电磁波长远大于电路的尺度,它在电路中每一瞬间的电流与电压均能在足够好的程度上满足基尔霍夫定律。因此,基尔霍夫定律的应用范围也可扩展到交流电路之中。

二、基本概念

(一)简单电路与复杂电路

(1)简单电路:一个电源和多个电阻组成的电路,可以用电阻的串、并联简化计算,如图 7-1 所示。

(2)复杂电路:两个以上的有电源的支路组成的多回路电路不能运用电阻的串、并联计算方法简化成一个单回路电路,如图 7-2 所示。

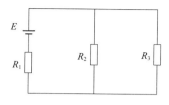
图 7-1 简单电路

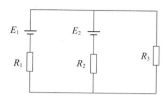
图 7-2 复杂电路

(二)复杂电路中术语

(1)支路:电路中通过同一电流并含有一个以上元件的分支。如图 7-3 所示。电路中的 ED、AB、FC 均为支路,该电路的支路数目为 $b=3$。

①每个元件都是一条支路。
②串联的元件视为一条支路。
③在一条支路中电流处处相等。

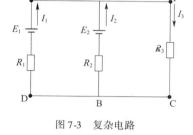
图 7-3 复杂电路

(2)节点:三条或三条以上支路的连接点。如图 7-3 所示,电路的节点为 A、B 两点,该电路的节点数目为 $n=2$。

①支路与支路的连接点。
②三条或三条以上的支路的连接点。

(3)回路:电路中任一闭合路径。如图 7-3 所示,电路中的 CDEFC、AFCBA、EABDE 路径均为回路,该电路的回路数目为 $l=3$。

①闭合的支路。
②闭合节点的集合。

(4)网孔:内部不包含支路的回路。如图 7-3 所示,电路中的 AFCBA、EABDE 回路均为网孔,该电路的网孔数目为 $m=2$。

①其内部不包含任何支路的回路。
②网孔一定是回路,但回路不一定是网孔。

三、基尔霍夫电流定律

(一)定律内容

基尔霍夫电流定律简称 KCL,又称基尔霍夫第一定律(或称节点电流定律),在任一瞬间,流进某节点的电流之和恒等于流出该节点的电流之和。

(二)公式表达式

$$\sum I_入 = \sum I_出 \tag{7-1}$$

如果设流入结点的电流为正(也可假设为负),则流出结点的电流为负(正)则 KCL 方程可表示为:

$$\sum I = 0 \tag{7-2}$$

即对任何结点,流入的净电流为零。

(三) 应用 KCL 列方程式的步骤

(1) 选定节点；

(2) 标出各支路电流参考方向；（电流的参考方向可以任意假定，最后根据计算结果确定其实际方向，正同负反）

(3) 针对节点应用 KCL 定律列方程。

(四) 例题

【例 7-1】 如图 7-4 所示电桥电路，已知 $I_1 = 25\text{mA}$, $I_3 = 16\text{mA}$, $I_4 = 12\text{A}$，试求其余电阻中的电流 I_2、I_5、I_6。

解：在节点 a 上：$I_1 = I_2 + I_3$，则 $I_2 = I_1 - I_3 = 25 - 16 = 9\text{mA}$

在节点 d 上：$I_1 = I_4 + I_5$，则 $I_5 = I_1 - I_4 = 25 - 12 = 13\text{mA}$

在节点 b 上：$I_2 = I_6 + I_5$，则 $I_6 = I_2 - I_5 = 9 - 13 = -4\text{mA}$

电流 I_2 与 I_5 均为正数，表明它们的实际方向与图中所标定的参考方向相同，I_6 为负数，表明它的实际方向与图中所标定的参考方向相反。

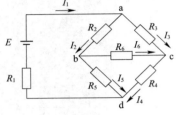

图 7-4 例 7-1 图

四、基尔霍夫电压定律

(一) 定律内容

基尔霍夫电压定律简称 KVL，又称基尔霍夫第二定律（或称回路电压定律）。任何时刻，在任一闭合回路中，按一定的绕行方向，恒有各段电阻上的电压降代数和等于各电源电动势的代数和。

(二) 公式表达式

$$\sum IR = \sum E \tag{7-3}$$

式 (7-3) 中，电阻中的电流方向与绕行方向相同，电阻上的压降取正，反之取负；电动势方向与绕行方向相同取正，反之取负。

如果电动势也用电压降来表示，则 KVL 方程又可表示为：

$$\sum U = 0 \tag{7-4}$$

即在任何电路中，从一点出发绕任意回路一周再回到该点，各段电压的代数和恒等于零。

(三) KVL 回路电压方程的原则

(1) 标出各支路电流的参考方向并选择回路绕行方向（既可沿着顺时针方向绕行，也可沿着反时针方向绕行）；

(2) 电阻元件的端电压为 $\pm RI$，当电流 I 的参考方向与回路绕行方向一致时，选取"+"号；反之，选取"–"号；

(3) 电源电动势为 $\pm E$，当电源电动势的标定方向与回路绕行方向一致时，选取"+"号，反之应选取"–"号。

(四)例题

【例7-2】 如下图7-5所示,已知 $E_1 = 12\text{V}, E_2 = 15\text{V}, R_1 = 20\text{k}\Omega, R_2 = 10\text{k}\Omega$。求 $I = ?$

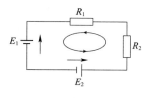

图7-5 例7-2图

解:确定回路参考方向:逆时针方向。

根据:$\sum IR = \sum E$ 列方程得到:$E_2 - E_1 = I(R_1 + R_2)$

代入已知数据得:$I_5 - I_2 = I(20000 + 10000)$

$I = 0.1\text{mA}$(方向与回路参考方向相同)

答:回路电流是 0.1mA,方向是为逆时针。

五、支路电流法

(一)支路电流法

支路电流法是指以各支路电流为未知量,应用基尔霍夫定律列出节点电流方程和回路电压方程,解出各支路电流,这种解决电路问题的方法称为支路电流法。

(二)支路电流法解题的步骤

对于 n 条支路,m 个节点的电路:

(1)选定各支路电流为未知量,并标出各电流的参考方向。
(2)按基尔霍夫电流定律,列出 $(m-1)$ 个独立的节点电流方程式。
(3)指定回路的绕行方向,按基尔霍夫电压定律,列出 $n-(m-1)$ 个回路电压方程。
(4)代入已知数,解联立方程式,求各支路的电流。
(5)确定各支路电流的实际方向。

(三)例题

【例7-3】 如图7-6所示电路,已知:$E_1 = 42\text{V}, E_2 = 21\text{V}, R_1 = 12\Omega, R_2 = 3\Omega, R_3 = 6\Omega$,试求:各支路电流 I_1、I_2、I_3。

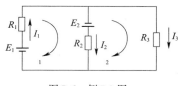

图7-6 例7-3图

解:该电路支路数 $b=3$、节点数 $n=2$,所以应列出 1 个节点电流方程和 2 个回路电压方程,并按照 $\sum RI = \sum E$ 列回路电压方程的方法:

(1) $I_1 = I_2 + I_3$ (任一节点)

(2) $R_1 I_1 + R_2 I_2 = E_1 + E_2$ (网孔1)

(3) $R_3 I_3 - R_2 I_2 = -E_2$ (网孔2)

代入已知数据,解得:$I_1 = 4\text{A}, I_2 = 5\text{A}, I_3 = -1\text{A}$。

电流 I_1 与 I_2 均为正数,表明它们的实际方向与图中所标定的参考方向相同,I_3 为负数,表明它们的实际方向与图中所标定的参考方向相反。

思考与练习

一、填空题

1.简单电路:一个电源和多个电阻组成的电路,可以用电阻的_____、_____联简化计算。

2. 复杂电路：两个以上的有_____的支路组成的多回路电路，不能运用电阻的_____计算方法简化成一个单回路电路。

3. 基尔霍夫定律包括_____和_____。

4. 在_____，流入任一节点的电流之和恒等于流出节点的电流之和。

5. 基尔霍夫电流定律是确定电路中任意节点处各支路电流之间关系的定律，因此又称为_____。

6. 在电路中，任一时刻，沿任一闭合路径(按固定绕向)，各支路电压代数和为_____。

7. 由_____组成的电路，在任一瞬间，沿闭合回路绕行一周，各电阻上_____的代数和恒等于各电源电动势的代数和。

8. 电阻上电流方向与绕行方向一致，则电阻上电压(IR)取_____，反之取_____。

9. 沿回路绕行方向，电源电动势的方向(电源内部负极指向正极的方向)与绕行方向一致，该电动势(E)取_____，反之取_____。

二、名词解释

1. 支路：
2. 节点：
3. 回路：
4. 网孔：

三、判断题

1. 电路中任一节点流入电流之和一定等于流出电流之和。（ ）
2. 电路中的回路一定是网孔。（ ）
3. 基尔霍夫第一定律又称基尔霍夫电压定律。（ ）
4. 基尔霍夫电压定律是确定电路中任意回路内各电压之间关系的定律，因此又称为回路电压定律。（ ）
5. 基尔霍夫定律是求解复杂电路的电学基本定律。（ ）
6. 基尔霍夫(电路)定律既可以用于含有电子元件的非线性电路的分析。（ ）
7. 回路是电路中任意一个支路。（ ）
8. 对于一个闭合电路如果有两根导线相连，则两根导线中的电流必相等。（ ）
9. 若一个电路中只有一处用导线接地，则该接地线中没有电流。（ ）
10. 由电阻和电动势组成的电路，在任一瞬间，沿闭合回路绕行一周，各电阻上电压降的代数和恒等于各电源电动势的代数和。（ ）

四、看图填空

根据图 7-7 填空。

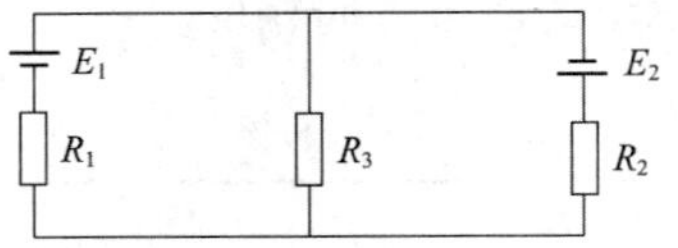

图 7-7 习题图 1

图 7-7 中有_____个节点，_____条支路，_____个回路，_____个网孔。

五、按要求作图

画出图 7-8 中 I_1、I_2、I_3 的电流方向。

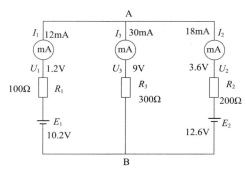

图 7-8　习题图 2

六、计算题

1. 在图 7-9 中，已知 $E=100V$、$U_1=10V$、$U_2=60V$，求 $U_3=?$

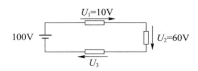

图 7-9　习题图 3

2. 在图 7-10 中 $I_1=12A$，$I_2=6A$，$I_4=4A$，求 $I_3=?$

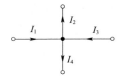

图 7-10　习题图 4

3. 如图 7-11 所示，已知 $I_1=8A$、$I_3=10A$，求 I_2。

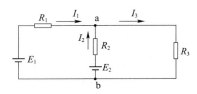

图 7-11　习题图 5

七、简答题

1. 写出基尔霍夫电流定律的内容和方程式。

2. 写出基尔霍夫电压定律的内容和方程式。

项目八　电容器认知与检测

学习目标

完成本项目学习后,你应能:

1. 叙述电容的作用及分类;
2. 应用 $C=Q/U$ 计算电容量,能列举电容器的三个参数名称;
3. 对应符号与电容器的名称,掌握电容器的四种表示法并能应用四种表示法准确说出电容量;
4. 能够根据电路识别电容器的充放电过程,掌握电容器串并联的定义及特点;
5. 掌握万用表检测电容器的理论方法。

建议学时

4 学时。

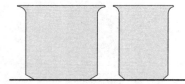

图 8-1　电容器的容器作用

电容器是一种储能元件,顾名思义,是"装电的容器",是一种容纳电荷的器件,如图 8-1 所示。电容器是电子设备中大量使用的电子元件之一,广泛应用于电路中的隔直通交、耦合、旁路、滤波、调谐回路、能量转换和控制等方面。

一、电容器的作用与分类

(一)电容器的结构和作用

电容器是由两个金属电极,中间夹一层电介质构成的具有存储电荷功能的电子元件,如图 8-2 所示。在电路中,它有阻止直流电流通过,允许交流电流通过的性能,在电路中可起到旁路、耦合、滤波、隔直流、储存电能、振荡和调谐等作用。

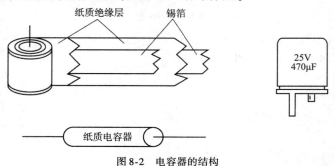

图 8-2　电容器的结构

(1)隔直流:作用是阻止直流通过而让交流通过。
(2)旁路(去耦):为交流电路中某些并联的元件提供低阻抗通路。
(3)耦合:作为两个电路之间的连接,允许交流信号通过并传输到下一级电路。
(4)滤波:把脉动较大的直流电变成较平滑的直流电。
(5)温度补偿:针对其他元件对温度的适应性不够带来的影响,而进行补偿,改善电路的稳定性。
(6)计时:电容器与电阻器配合使用,确定电路的时间常数。
(7)调谐:对与频率相关的电路进行系统调谐,例如手机、收音机、电视机。
(8)整流:在预定的时间开或者关半闭导体开关元件。
(9)储能:储存电能,用于必须要的时候释放,例如相机闪光灯、加热设备等。如今某些电容的储能水平已经接近锂电池的水准,一个电容储存的电能可以供一个手机使用一天。

(二)电容器的分类

电容器由于材料和结构的不同,所构成的电容器的种类也有所不同。常见电容器外形图如图8-3所示。

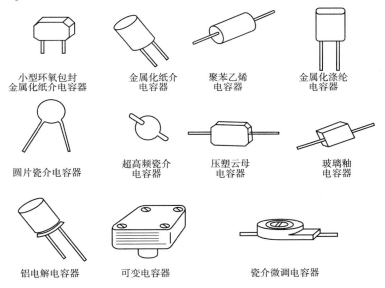

图8-3 常见电容器外形图

(1)按结构分类:固定电容、可变电容和微调电容。

固定电容器指一经制成后,其电容量不能再改变的电容器。

可变电容器是一种电容量可以在一定范围内调节的电容器,通常在无线电接收电路中作调谐电容器用。

半可变电容器(微调电容器)在各种调谐及振荡电路中作为补偿电容器或校正电容器使用,分为云母微调电容器、瓷介微调电容器、薄膜微调电容器、拉线微调电容器等。

(2)按介质材料分类:无机介质电容器、有机介质电容器和电解电容器三大类。不同介质的电容,在结构、成本、特性和用途方面都大不相同。

无机介质电容器:包括陶瓷电容以及云母电容,在CPU上我们会经常看到陶瓷电容。

陶瓷电容的综合性能很好,可以应用 GHz 级别的超高频器件上,比如 CPU/GPU。当然,它的价格也很贵。

有机介质电容器:包括漆膜电容器、混合介质电容器、纸介电容器、有机薄膜介质电容器、纸膜复合介质电容器等例如薄膜电容器,这类电容经常用在音箱上,其特性是比较精密,耐高温高压。

电解电容器:包括铝电解电容器、钽电解电容器、铌电解电容器、钛电解电容器及合金电解电容器等。如果说电容是电子元器件中最重要和不可取代的元件的话,那么电解电容器又在整个电容产业中占据了半壁江山。我国电解电容年产量 300 亿只,且年平均增长率高达 30%,占全球电解电容产量的 1/3 以上。

双电层电容器:这种电容的电容量特别大,可以达到几百 F(F = 法,电容量单位,1F = 1×10^6μF)。因此这种电容可以做电池用,作用是储存电能。

电解电容器特点一:单位体积的电容量非常大,比其他种类的电容大几十到数百倍。

电解电容器特点二:额定的容量可以做到非常大,可以轻易做到几万 μF 甚至几 F(但不能和双电层电容相比)。

电解电容器特点三:价格与其他种类相比具有压倒性优势,电解电容的组成材料都是普通的工业材料,比如铝等。制造电解电容的设备也都是普通的工业设备,可以大规模生产,成本相对比较低。

目前,新型的电解电容发展得非常快,某些产品的性能已达到无机电容器的水准,电解电容正在替换某些无机和有机介质电容器。电解电容的使用范围相当广泛,基本上,有电源的设备都会使用到电解电容。例如通信产品、数码产品、汽车上音响、发动机、ABS、GPS、电子喷油系统以及几乎所有的家用电器。由于技术的进步,如今在小型化要求较高的军用电子对抗设备中也开始广泛使用电解电容。

(3)按极性分为:有极性电容和无极性电容。最常见到的有极性电容就是电解电容。

二、电容器的电容量

(1)电容量是表征电容器存储电荷能力大小的物理量,用 C 表示。

(2)电容量的大小:对于结构已定的电容器,极板的带电荷量 Q 与极板间电压 U 的比值是一个常数,这个比值就叫电容器的电容量,简称电容。

(3)公式:

$$C = \frac{Q}{U} \tag{8-1}$$

(4)电容量的单位:法拉(F)

实际中,F 的单位太大,一般用较小的单位 μF,pF。

1 μF = 10^{-6} F

1 pF = 10^{-6} μF = 10^{-12} F

(5)注意:

①电容器和电容量都可以简称电容,并且都是用同一字母 C 表示,但它们的意义是不同的。电容器的图形符号"⊣⊢"。

②实际上不只是电容器才具有电容,任何两导体之间都存在着电容效应,例如分布电容。

三、电容的主要参数

反映电容器物理性能的主要参数为容量和耐压,标明在电容器的外观标记中,有的直接标明,有的采用工程编码。有的电容器是有极性的,电容器上还会标明极性的方向。

1. 标称容量及允许误差

和电阻器一样,电容器的外壳表面上标出的电容量值,称为电容器的标称容量,标称容量与实际容量之间的偏差与表称容量之比的百分数称为电容器的允许误差。常用电容器的允许误差有 ±2%、±5%、±10%、±20% 等。

2. 工作电压

工作电压也称耐压或额定工作电压,表示电容器在使用时允许加在其两端的最大电压值。普通无极性电容的标称耐压值有:63V、100V、160V、250V、400V、600V、1000V 等;有极性电容的耐压值相对要比无极性电容的耐压要低,一般的标称耐压值有:4V、6.3V、10V、16V、25V、35V、50V、63V、80V、100V、220V、400V 等。使用时,外加电压最大值一定要小于电容器的耐压,通常取额定工作电压的三分之二以下。

3. 绝缘电阻

电容器的绝缘电阻,表示了电容器的漏电性能,在数值上等于加在电容器两端的电压除以漏电流。绝缘电阻越大,电容器质量越好。品质优良的电容器具有较高的绝缘电阻,一般都在 MΩ 数量级以上。电解电容器的绝缘电阻一般较低,漏电流较大。

四、电容的标称及识别法

(一) 电容器的型号命名法

电容器的型号命名法如图 8-4、图 8-5 所示。

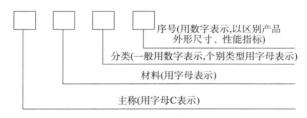

图 8-4 电容器型号

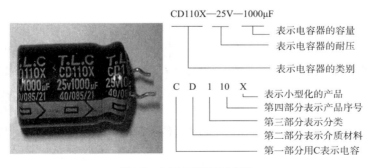

图 8-5 电解电容型号及参数

(二) 电容器的符号

电容器的符号如图8-6所示。

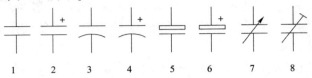

图 8-6 电容器符号

1-是普通电容符号;2~6-有极电容、电解电容符号;7-可调电容符号;8-微调电容符号

(三) 电容器的标注方法

电容器的容量、误差和耐压都标注在电容器的外壳上,其标注方法有直标法、数码表示法、文字符号法和色码表示法等。

1. 直标法

直标法指将容量、偏差、耐压等直接标注在电容体上,分为标有单位的直接表示法和不标单位的直接表示法。

(1) 标有单位的直接表示法。如 $47\mu F$、$220\mu F$。

(2) 不标单位的直接表示法。在这种表示法中,如果用一位到四位大于1的数,则容量单位为 pF。若用零点几或零点零几表示的,其单位一般是 μF。如 75 则表示该值为 75 pF;0.75 表示 $0.75\mu F$。表示方式如图8-7所示。

2. 数码表示法

数码表示法指用 3 位数码表示电容容量的方法。数码按从左到右的顺序,第一、第二位为有效数,第三位为乘数,电容量的单位是 pF。偏差用文字符号表示。如图 8-8 所示。

例:362 = 3600pF

注意:用数码表示法来表示电容器的容量时,若第三位数码是9时,则表示 10^{-1},而不是 10^9 例:689 = 6.8pF 而不是 68×10^9 pF

3. 文字符号法

文字符号法指用字母和数字有规律组合表示电容器容量的方法,如图 8-9 所示。

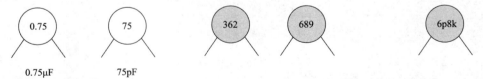

图 8-7 电容量不标单位的直标法　　图 8-8 电容器数码法　　图 8-9 电容器文字符号法

p 为单位字母,k 为误差字母,图 8-9 中电容 $C = 6.8pF$ 误差 $\pm 10\%$。注意:单位字母所在位置表示小数点。

4. 色码表示法

色码表示法指沿电容引线方向,用不同的颜色表示不同的数字的方法,第一道和第二道颜色表示有效数字,第三道颜色表示有效数字后零的个数(单位为 pF)。

颜色意义:黑 = 0、棕 = 1、红 = 2、橙 = 3、黄 = 4、绿 = 5、蓝 = 6、紫 = 7、灰 = 8、白 = 9。

五、电容器的充放电

(1) 把电容器的一个极板与电源的正极相连,另一个极板与负极相连,两个极板就分别带有等量的异种电荷,这个过程叫作充电,如图 8-10 所示。

(2) 用导线把充电后的电容器的两极板接通,两极板上的电荷互相中和,电容器不再带电,这个过程叫作放电,如图 8-11 所示。

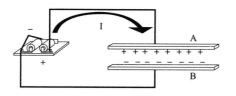

图 8-10 电容器的充电

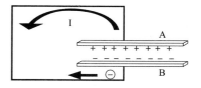

图 8-11 电容器的放电

(3) 电容器的充放电实验

如图 8-12 所示,电容 $C=470\mu F$,电阻 $R=10k\Omega$,电流表表用 $100\mu A$ 或 $500\mu A$ 的示教万用 G 表,电压表用 2.5V 的示教万用表,整个充放电时间为 15~25s,电流表的指针放在正中,可以左右偏,电源 E 用一节干电池。

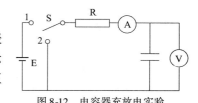

图 8-12 电容器充放电实验

① 充放电实验,开关 S 掷至 1 为充电过程,同时可以看到电流表表读数由最大逐渐减小,电压表读数由小逐渐增大,可知充电的电流方向及电容器上、下极板所带的电量。

② S 掷至 2 时为放电过程,此时可以看到电流表和电压表的读数同时减小直至为零,同时可以看到放电电流方向与充电电流方向相反,可以说明充好电的电容器储存能量即电场能。

六、电容器的连接

(一) 电容器的并联

(1) 概念:将几个电容器的一个极板连在一起,另一个极板也连在一起的连接方式称为电容器的并联,如图 8-13 所示。

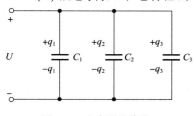

图 8-13 电容器的并联

(2) 并联的性质

① 总电荷量等于各个电容器的带电荷量之和。即:

$$Q = Q_1 + Q_2 + \cdots + Q_n \quad (8\text{-}2)$$

② 并联后总容量等于各个电容量的容量之和。即:

$$C = C_1 + C_2 + \cdots + C_n \quad (8\text{-}3)$$

③ 每个电容器两端承受的电压相等,并等于电源电压 U。即:

$$U = U_1 = U_2 = \cdots = U_n \quad (8\text{-}4)$$

注意:并联时每个电容器直接承受外电压,因此每只电容器的耐压都必须大于外加电压。

(二)电容器的串联

(1)概念:将几只电容器依次相连,构成中间无分支的连接方式,称为电容器的串联,如图 8-14 所示。

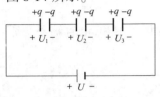

图 8-14 电容器的串联

(2)串联的性质。

①总容量的倒数等于各个电容量倒数之和。即:

$$\frac{1}{C} = \frac{1}{C_1} + \frac{1}{C_2} + \cdots + \frac{1}{C_n} \tag{8-5}$$

两个电容串联时:

$$C = \frac{C_1 \times C_2}{C_1 + C_2} \tag{8-6}$$

n 个相同的电容器 C_0 串联时:

$$C = \frac{C_0}{n} \tag{8-7}$$

②总电压等于每个电容器上的电压之和。即:

$$U = U_1 + U_2 + \cdots + U_n \tag{8-8}$$

实际上每个串联电容器实际分配的电压与其电容量成反比。即:容量越大分配的电压越小,容量小的分配的电压大,若每电容量相等,则每个电容器上分配的电压相等。若只有两个电容器串联,分压公式为:

$$U_1 = \frac{C_2}{C_1 + C_2} U \tag{8-9}$$

$$U_2 = \frac{C_1}{C_1 + C_2} U \tag{8-10}$$

注意:

a. 电容器的并联电路总电容量大于分电容器的容量。

b. 电容器的串联电路总电容小于分电容器的电容量。

c. 每个电容器都有各自的耐压值,在实际应用中应保证每只电容器上承受的电压都小于其耐压值,这样才能保证电路的正常运行。

七、电容器的检测

电容器的故障检测方法主要有两种:第一种是采用万用表欧姆挡检测法,这种方法操作简单,检测结果基本上能够说明问题;第二种是采用代替检查法,这种方法的检测结果可靠,但操作比较麻烦,此方法一般多用于在路检测。修理过程中,一般是先用第一种方法,再用第二种方法加以确定。

用数字万用表检测电容器,可按以下方法进行。

(一)用电容挡直接检测

某些数字万用表具有测量电容的功能,其量程分为 2000p、20n、200n、2μ 和 20μ 五挡。测量时可将已放电的电容两引脚直接插入表板上的 C_X 插孔,而不是用表笔接触管脚。选取适当的量程后就可读取显示数据。

(二)用电阻挡检测

利用数字万用表也可观察电容器的充电过程,可以检测电容器的好坏和估测电容量的大小。下面介绍的是使用数字万用表电阻挡检测电容器的方法,对于未设置电容挡的仪表很有实用价值。此方法适用于测量从 $0.1\mu F$ 至几千 μF 的大容量电容器。

1. 测量操作方法

将数字万用表拨至合适的电阻挡,红表笔和黑表笔分别接触被测电容器 C_X 的两极,这时显示值将从"000"开始逐渐增加,直至显示溢出符号"1"。若始终显示"000",说明电容器内部短路;若始终显示溢出,则可能电容器内部极间开路,也可能所选择的电阻挡不合适。检查电解电容器时需要注意,红表笔(带正电)接电容器正极,黑表笔接电容器负极。

2. 使用数字万用表估测电容量的实测数据

选择电阻挡量程的原则是:当电容量较小时宜选用高阻挡,而电容量较大时应选用低阻挡。若用高阻挡估测大容量电容器,由于充电过程很缓慢,测量时间将持续很久;若低阻挡检查小容量电容器,由于充电时间极短,仪表会一直显示溢出,看不到变化过程。

(三)电解电容器的检测

电解电容的容量较一般固定电容大得多,测量时,应针对不同容量选用合适的量程。根据经验,一般情况下,$1\sim 47\mu F$ 间的电容,可用 $R\times 1k$ 挡测量,大于 $47\mu F$ 的电容可用 $R\times 100$ 挡测量。

(四)可变电容器的检测

(1)用手轻轻旋动转轴,应感觉十分平滑,不应感觉有时松时紧甚至有卡滞现象。将载轴向前、后、上、下、左、右等各个方向推动时,转轴不应有松动的现象。

(2)用一只手旋动转轴,另一只手轻摸动片组的外缘,不应感觉有任何松脱现象。转轴与动片之间接触不良的可变电容器,是不能再继续使用的。

(3)将万用表置于 $R\times 10k$ 挡,一只手将两个表笔分别接可变电容器的动片和定片的引出端,另一只手将转轴缓缓旋动几个来回,万用表应显示为无穷大位置不动。在旋动转轴的过程中,如果读数有时为零,说明动片和定片之间存在短路点;如果碰到某一角度,万用表读数不为无穷大而是出现一定阻值,说明可变电容器动片与定片之间存在漏电现象。

思考与练习

一、填空题

1. 电容器是一种_____元件。
2. 电容的基本单位是_____,用字母_____表示。
   $4000\mu F=$ _____ F $0.003\mu F=$ _____ pF $470000pF=$ _____ μF
3. 电容器按结构可分为_____、_____、_____。
4. 电容器所带电荷量与两极板间电压之比,称为电容器的_____。
5. 电容器的标注方法有_____、_____、_____、_____。
6. 把电容器的一个极板与电源的正极相连,另一个极板与负极相连,两个极板就分别带有等量的异种电荷,这个过程叫作_____。

7. 将几个电容器的一个极板连在一起，另一个极板也连在一起的连接方式称为电容器的_____。

8. 电容器串联电路的特点是：每个电容器带的电荷量_____；总电压等于各个电容器上的_____；总电容的倒数等于各个电容器的电容的_____。

9. 每个电容器都有各自的耐压值，在实际应用中应保证每只电容器上承受的电压都小于其_____，这样才能保证电路的正常运行。

10. 在检测电容器时应先对电容器进行_____。

11. 用数字万用表测量电容器的电容量时，电容器应插入专用的_____，而不是用_____接触引脚。

12. 好的电容器在用数字式万用表电阻档进行测量时，显示值将从"000"开始_____，直至显示溢出符号"1"无穷大。

13. 电容器的并联电路总电容量_____分电容器的容量。

二、判断题

1. 电容器是电子设备中大量使用的电子元件之一。（   ）
2. 固定电容器制成后，是电容量能再改变的电容器。（   ）
3. 电容器的型号命名法主要由三大部分组成，由于表示电容器的类别、耐压、容量。（   ）
4. 数码表示法是用4位数码表示电容容量的方法。（   ）
5. 色码表示法是沿电容引线方向，用不同的颜色表示不同的数字的方法。（   ）
6. 电解电容器单位体积的电容量非常大，比其他种类的电容大几十到数百倍。（   ）
7. 电容的特性主要有：隔直通交、充电、放电。（   ）
8. 把电容器的一个极板与电源的正极相连，另一个极板与负极相连，两个极板就分别带有等量的异种电荷，这个过程叫作放电。（   ）
9. 每个电容器都有各自的耐压值，在实际应用中应保证每只电容器上承受的电压都小于其耐压值，这样才能保证电路的正常运行。（   ）

三、选择题

1. 某一电容器标注的是："300V,5μF"，则下述说法正确的是(   )。
   A. 该电容器可在300V以下电压正常工作
   B. 300V电压时正常工作
   C. 使用时只需考虑工作电压，不必考虑电容器的引出线与电源的哪个极相连

2. 由于电容体积要比电阻大，一般都使用(   )。
   A. 数码表示法   B. 直接标称法   C. 色码表示法   D. 文字符号法

3. 下列说法哪一项是电容器的特性？(   )
   A. 旁路   B. 滤波   C. 隔直流通交流   D. 储存电能

4. 下图哪一个是电解电容的符号？(   )
   A.   B.   C.   D.

5. 看图选出电容读法正确的一组。(   )

6. 关于电容器的连接,下列说法正确的是(　　)。
   A. 电容器并联后总容量的倒数等于各个电容量的倒数之和
   B. 电容器串联后总容量等于各个电容量的容量之和
   C. 电容器串联后总容量的倒数等于各个电容量倒数之和
7. 电容器在做充电实验时,电流表应(　　)。
   A. 由小变大　　　　B. 由大变小　　　　C. 不变

四、计算题

一个电容器的电容量为 $30\mu F$,当在它两端加上 $500V$ 直流电压,试求该电容器极板上所带电量是多少?

五、简答题

1. 电容器在电路中的作用是什么?

2. 简述电解电容器的特点。

3. 怎样检测电解电容器?

项目九　电磁现象认知

学习目标

完成本项目学习后,你应能:
1. 能叙述磁的相关概念;
2. 能判断通电直导体及通电线圈的磁场方向;
3. 能够掌握电磁感应现象产生的条件,应用右手定则和楞次定理判断感应电流的方向;
4. 能够应用电磁感应的知识分析通电、断电自感现象;
5. 能够应用电磁感应的知识分析通电、断电互感现象,能够根据电路图说出同名端测试方法。

建议学时

4 学时。

电与磁都是物质运动的基本形式,两者之间密不可分,统称为电磁现象。本项目主要介绍了磁的概念,电流的磁场,电磁感应等基本问题,在原有基础上加深对电磁现象的理解和掌握。

一、磁的概念

磁是物质运动的基本形式之一。物体能吸引铁、镍、钴等金属或其合金的性质叫磁性。具有磁性的物体叫磁体,磁体上磁性最强的部位叫磁极,磁体的两端磁性最强,中间最弱。磁体有两个磁极,分别是南极和北极,南极用 S 表示,北极用 N 表示。常见的人造磁体如图 9-1 所示。

图 9-1　常见的人造磁体

磁极间的相互作用力叫磁力。磁极间的相互作用规律是:同名磁极相互排斥,异名磁极相互吸引。原来没有表现出磁性的物体获得磁性的过程叫磁化,被磁化的铁磁物质远离磁体后仍保留一定的磁性,叫剩磁。

磁体周围存在磁力作用的空间,当另一磁体置入该空间时,就会受到磁力的作用,通常把这个磁力空间叫磁场。磁场具有力和能的性质,因而它是一种物质。但它又与其他物质不一样,它没有构成物质的分子或原子。所以,磁场是磁体周围空间的一种特殊物质。

为了形象地描述磁场,人们想象出磁感应线。所谓磁感应线,就是一条条从磁体北极沿磁体周围空间到磁体南极,然后再通过磁体内部回到北极的闭合曲线。曲线上每一点的切线方向(即小磁针 N 极在该点的指向)就表示该点的磁场方向,曲线在某处的疏密程度就表示该处的磁场强弱,如图 9-2 所示。

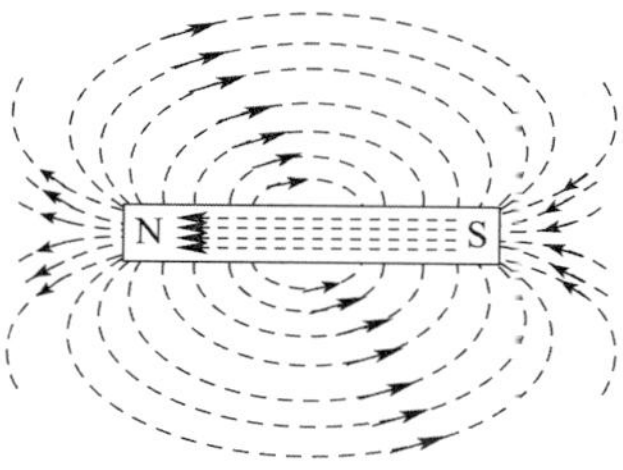

图 9-2　磁感应线

用磁感应线描述磁场时,要注意:

(1)磁感应线是假想的曲线,实际上是不存在的,而磁场是真实存在的。

(2)磁感应线不能中断,不能相交。

(3)磁感应线在磁体外部从 N 极指向 S 极,在磁体内部从 S 极指向 N 极。

(4)磁感应线上任意一点的切线方向,就是该点的磁场方向(即小磁针 N 极的指向)。

二、地球的磁场

地球本身是一个巨大的磁体,地球周围的磁场,称为地磁场,地磁场的 N 极在地理南极附近,地磁场的 S 极在地理北极附近,小磁针静止时能指南北方向,是因为受到地磁场的作用,小磁针静止时 N 极指向地理的北极,S 极指向地理的南极,如图 9-3 所示。

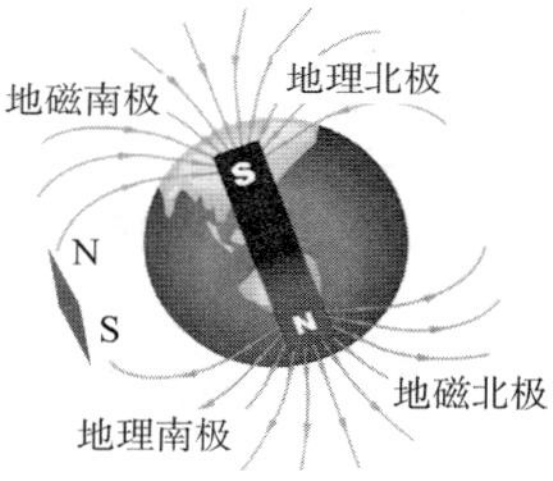

图 9-3　地磁场

三、磁场的基本物理量

(一)磁通量 φ

通过垂直于磁场方向上某一面积的磁感应线数称为磁通量,简称磁通,用 φ 表示,单位"韦伯"(Wb)。

(二)磁感应强度 B

与磁场方向垂直的单位面积 S 上的磁通量称为磁感应强度,用 B 表示,单位"特斯拉"(T)或"韦伯/米^2"(Wb/m^2)。

根据磁通量和磁感应强度的概念,设想在磁感应强度为 B 的均匀磁场中,如图 9-4 所示,有一个与磁场方向垂直的平面,面积为 S,则 B 与 S 的乘积就是这个面积的磁通量,即:

$$\Phi = BS \quad (9-1)$$

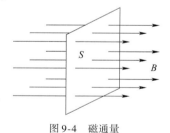

图 9-4　磁通量

式中:B——磁感应强度(T);

　　　S——面积(m^2);

　　　Φ——磁通量(Wb)。

四、电流磁场

(一)通电直导体的磁场

让一根直导体通入电流,导体的周围就产生磁场,其磁感应线的分布是以导体为中心的一组同心圆,如图 9-5a)所示。图 9-5a)中箭头方向为置入该点的小磁针北极所指方向,即磁场方向。

(1) 磁场强弱。通电直导体周围各点磁场的强弱与导体中的电流大小成正比。与该点距导体的垂直距离成反比。

(2) 磁场方向。磁场的方向与电流的方向有关，可用右手螺旋定则确定。右手握住导体，用大拇指指向电流方向，则四指弯曲的方向就是磁场方向，如图9-5b)所示。

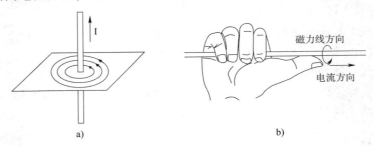

图9-5　通电直导体的磁场

(二) 通电线圈的磁场

把直导体线绕成螺线管线圈，并通入电流，通电线圈将产生类似条形磁铁的磁场，如图9-6a)所示。在线圈外部，磁感应线从N极出来进入S极，线圈内部的磁感应线方向由S极指向N极，并和外部的磁感应线连接形成闭合曲线。

(1) 磁场强弱。通电线圈磁场的强弱，不仅与线圈的电流大小有关，而且与线圈的匝数有关，即与线圈的电流和匝数的乘积成正比。

(2) 磁场方向。通电线圈的磁场方向，可用右手螺旋定则确定。右手握住线圈，用弯曲的四指表示电流方向，则拇指所指的方向就是磁场方向，如图9-6b)所示。

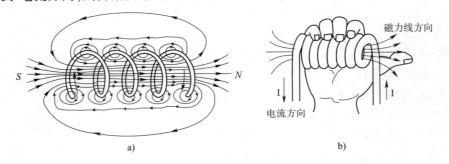

图9-6　通电线圈的磁场

五、电磁感应

电流可以产生磁场，磁场是否可以产生电流呢？早在1831年，英国科学家法拉第在大量实验的基础上，证明了磁在一定条件下能够使导体产生电流，把这一类电磁现象归结为电磁感应。

当导体相对于磁场而作切割磁感应线运动或通过线圈的磁通量发生变化时，在导体或线圈中就会产生电动势，若导体或线圈是闭合电路的一部分，在导体或线圈中将会产生电流。这种由导体相对运动切割磁感应线或变化磁场在线圈中磁通量发生变化而产生电动势的现象称作电磁感应现象,而由电磁感应引起的电动势称作感应电动势,由感应电动势引起的电流称作感应电流。

（一）直导体中的感应电动势

法拉第电磁感应实验一：如图 9-7 所示,当闭合回路中一部分导体作切割磁感线运动时,电流表指针发生偏转,说明导体中有电流产生。

1. 感应电动势的方向

作切割磁感应线运动的导体,所产生的感应电动势方向可用右手定则来判断。

右手定则：如图 9-8 所示,平伸右手,拇指与四指垂直,并都跟手掌在一个平面内,让磁感应线垂直穿过掌心,拇指指向导体运动方向,四指所指方向就是感应电动势方向(或感应电流的方向)。

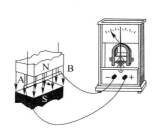

图 9-7　部分导体切割磁感线运动时电磁感应现象

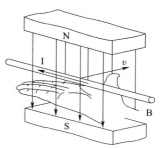

图 9-8　右手定则

需要注意的是判断感应电动势方向时,要把导体看成是一个电源。在电源内部,感应电动势的方向由负极指向正极,感应电流的方向与感应电动势的方向相同,如果当直导体不形成闭合回路时,导体中只产生感应电动势,不产生感应电流。

2. 感应电动势的大小

在均匀磁场中,作切割磁感应线运动的直导体,其感应电动势 E 的大小与磁感应强度 B、导体的有效长度 L、导体的运动速度 v 以及导体运动方向与磁感应线之间夹角 α 的正弦值成正比,即：

$$E = BLv\sin\alpha \tag{9-2}$$

式中：E——感应电动势(V)；

B——磁感应强度(T)；

v——导体运动的速度(m/s)；

L——导体有效长度(m)。

由式(9-2)可知,当导体的运动方向与磁感应线垂直时,$\alpha = 90°$,$\sin\alpha = 1$,$E = BLv$ 为最大；当导体的运动方向与磁感应线平行时,$\alpha = 0$,$\sin\alpha = 0$,$E = 0$ 为最小。

【例 9-1】　在图 9-9 中,设均匀磁场的磁感应强度 B 为 0.1T,切割磁感线的导线长度 L 为 40cm,向右运动的速度 v 为 5m/s,整个线框的电阻 R 为 0.5Ω,求：

(1) 感应电动势的大小；

(2) 感应电流的大小和方向。

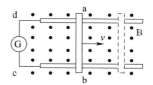

图 9-9　导体切割磁感线运动图

已知:$B=0.1\text{T}, L=40\text{cm}=0.4\text{m}, v=5\text{m/s}, R=0.5\Omega$

求:(1)E;(2)I。

解:(1)线圈中的感应电动势　$E=BLv=0.1\times0.4\times5=0.2\text{V}$

(2)线圈中的感应电流　　　$I=E/R=0.2\div0.5=0.4\text{A}$

由右手定则可判断出感应电流方向为 a→b→c→d。

(二)线圈中的感应电动势

法拉第电磁感应实验二:如图 9-10 所示,当磁铁插入或拔出线圈时,检流计指针发生左右偏转,说明线圈中产生了两次方向不同的电流;加快磁铁插入拔出运动速度,微安表指针偏转弧度增大;磁铁相对线圈静止时,指针没有发生偏转,说明没有电流产生。

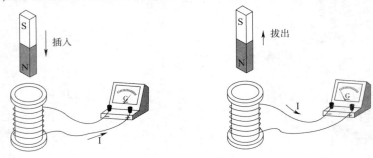

图 9-10　磁铁相对线圈运动时电磁感应现象

1. 感应电动势的方向

线圈中感应电动势的方向由楞次定律和右手螺旋定则来确定。楞次定律指感应电流产生的磁通总是企图阻碍原磁通的变化。

当磁铁插入线圈时,原磁通在增加,线圈所产生的感应电流的磁通方向总是与原磁通方向相反,即感应电流的磁通总是阻碍原磁通的增加。

当磁铁拔出线圈时,原磁通在减少,线圈所产生的感应电流的磁通方向总是与原磁通方向相同,即感应电流的磁通总是阻碍原磁通的减少。

这里的阻碍不是相反,当磁铁插入,原磁通量增大时,感应电流的磁通与原磁通反向,以阻碍其增大;当磁铁拔出,原磁通量减小时,感应电流的磁通与原磁通同向,以阻碍其减小,即增反减同。阻碍也不是阻止,而是延缓,即磁通量变化的时间变长。"四步法"判断感应电流方向:

(1)确定原磁通量(磁铁)ϕ方向。

(2)确定原磁通的变化趋势(是增还是减)。

(3)根据楞次定理判断感应电流的磁通 ϕ 的方向,("增反减同")。

(4)根据 ϕ 的方向,用右手螺旋定则确定感应电流的方向。

【**例 9-2**】　如图 9-11 所示,请判断两种情况下线圈的感应电动势的方向。

解:在图 9-11a)中,条形磁铁自上而下插入线圈时,线圈中的磁通量要增加,根据楞次定律,感应电流产生的磁通方向

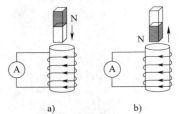

图 9-11　楞次定律示意图

a)磁铁插入线圈;b)磁铁拔出线圈

与磁铁的磁通方向相反,因此感应电流产生的磁通自上而下,由右手螺旋定则可确定感应电流的方向如图9-11a)所示。

在图9-11b)中,条形磁铁要拔出线圈时,线圈中向下的原磁通量要减少,根据楞次定律,感应电流产生的磁通量方向与磁铁的磁通量方向相同,因此感应电流产生的磁通量自上而下,由右手螺旋定则可确定感应电流的方向如图9-11b)所示。楞次定律本质见表9-1。

楞次定律总结 表9-1

	N极插入	N极拔出	S极插入	S极拔出
示意图				
原磁场方向	向下	向下	向上	向上
原磁场的磁通量变化	增加	减小	增加	减小
感应电流方向(俯视)	逆时针	顺时针	顺时针	逆时针
感应电流的磁场方向	向上	向下	向下	向上

从另一个角度认识楞次定律,感应电流的效果总是阻碍导体和引起感应电流的磁体间的相对运动。磁体移近线圈时,感应磁场阻碍其相互移近,线圈和磁体间有排斥力;磁体离开线圈时,感应磁场阻碍其相互离开,线圈和磁体间有吸引力,如图9-12所示。

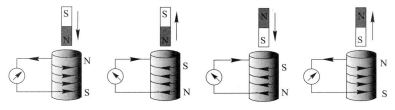

图9-12 感应电流总是阻碍线圈和磁体间的相对运动

2. 感应电动势的大小

法拉第电磁感应定律:线圈中感应电动势的大小与线圈中磁通量的变化快慢(即变化率)和线圈的匝数 N 的乘积成正比,通常把这个规律叫法拉第电磁感应定律,其数学表达式为:

$$E = \left| -N\frac{\Delta \Phi}{\Delta t} \right| = \left| -N\frac{\Phi_2 - \Phi_1}{\Delta t} \right| \tag{9-3}$$

式中:N——线圈的匝数;

$\Delta \Phi$——一匝线圈的磁通变化量(Wb);

Δt——磁通量变化所需要的时间(s);

E——感应电动势的平均值(V)。

式(9-3)中,负号表示感应电流所产生的磁通总是企图阻止原来磁通量的变化,感应电动势的方向总是和磁通量变化的趋势相反。

【例9-3】 如图9-13所示,如果穿过闭合金属环的磁通量在2s内由4×10^{-2}Wb均匀地增加到20×10^{-2}Wb,试求闭合金属环中感应电动势的大小和方向。

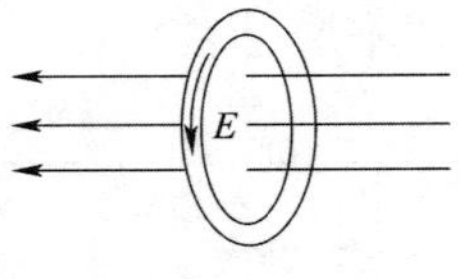

已知:$\Delta t = 2$s时,$\Delta\Phi = \Phi_2 - \Phi_1 = 20\times10^{-2} - 4\times10^{-2} = 16\times10^{-2}$Wb,求$E$的大小及方向。

解:根据$E = \left|-N\dfrac{\Delta\Phi}{\Delta t}\right|$

$$E = \left|-N\dfrac{\Delta\Phi}{\Delta t}\right| = \left|-1\times\dfrac{16\times10^{-2}}{2}\right| = 8\times10^{-2}\text{V}$$

图9-13 磁通量增加示意图

E的方向可根据楞次定律和右手螺旋定则判断,感应电动势方向如图9-13所示。

六、自感

(一)自感现象

如图9-14所示,S_2和S_3闭合后,在S_1闭合的瞬间,V_1闪亮。在S_1闭合的瞬间,线圈L_3中的电流及磁通迅速增大,线圈中要产生一个感应电动势来阻碍磁通增大,感应电流的方向和原电流的方向相反,在感应电动势和电源的作用下,V_1亮,随着线圈中电流的平稳,感应电动势消失,V_1被线圈短路,V_1熄灭。在S_1断开的瞬间,V_2闪亮,在S_1断开的瞬间,线圈L_3中的电流和磁通迅速减小,线圈中要产生一个感应电动势来阻碍原磁通减小,感应电流的方向和原电流的方向相同,在感应电动势的作用下,V_2亮,随着线圈中感应电动势消失,V_2熄灭。

根据实验可知,当线圈中的电流变化时,线圈本身就产生了感应电动势,这个电动势总是阻碍线圈中电流的变化。这种由于线圈本身电流发生变化而产生电磁感应的现象称为自感现象,简称自感。在自感现象中产生的感应电动势,称为自感电动势。

利用自感现象分析以下两个电路图:图9-15a)中,开关K闭合,A_2先亮,A_1后亮;图9-15b)中开关S断开,灯泡闪亮后熄灭。

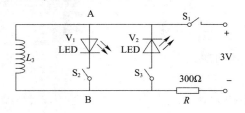

图9-14 自感现象图

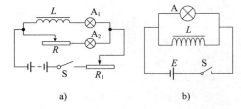

图9-15 自感现象分析图

(二)自感电动势的大小

自感电动势的大小与线圈的电感及线圈中外电流的变化快慢(变化率)成正比。

$$E = \left|-L\dfrac{\Delta i}{\Delta t}\right| \tag{9-4}$$

式中:L——自感系数,是用来表示线圈的自感特性的物理量;

$\dfrac{\Delta i}{\Delta t}$——电流的变化快慢(变化率);

E——自感电动势。

通过式(9-4)可以看出,自感系数越大,表示线圈通过单位外电流时产生自感电动势的能力越大。

自感系数是用来描述线圈产生自感电动势的能力的物理量。定义线圈中磁通量与产生该磁通的电流的比值叫自感,又叫电感,用符号 L 表示。

$$L = \frac{\Phi}{i} \tag{9-5}$$

式中:Φ——当线圈外电流为 i 时所产生的自感磁通(Wb);

i——流过线圈的外电流(A);

L——线圈的自感(电感),单位:亨,符号 H,更小的单位有毫亨(mH)、微亨(μH)。

自感的大小与线圈的匝数、形状、大小及周围磁介质的导磁能力有关,对给定的空心线圈,自感是个常数,即不随线圈中外电流大小而变化,故称线性电感。铁芯线圈磁铁材料的导磁能力不是常数,它的自感随外电流的变化而变化,故称为非线性自感。在其他条件相同情况下,线圈匝数越多,电感越大,有铁芯的线圈自感系数比没有铁芯时大得多。

(三)自感电动势的方向

自感电动势的方向仍用楞次定律判断,线圈本身产生的感应电流总是阻碍线圈中外电流的变化,外电流在增大时,产生的感应电流与线圈中外电流方向相反,阻碍外电流的增大,此时自感电动势方向与外电流方向相反,如图 9-16a)所示;外电流在减小时,产生的感应电流与线圈中外电流方向相同,阻碍原电流的减小,此时自感电动势方向与原电流方向相同如图 9-16b)所示,同样符合"增反减同"。

(四)自感现象的应用

自感现象在各种电气设备和无线电技术中有着广泛的应用。日光灯的镇流器就是利用线圈自感的一个例子,如图 9-17 所示。当开关闭合后,电源把电压加在启辉器的两极之间,使氖气放电而发出辉光。辉光产生的热量使 U 形触片膨胀伸长,跟静触片接触而使电路接通,于是镇流器的线圈和灯管的灯丝中就有电流通过。

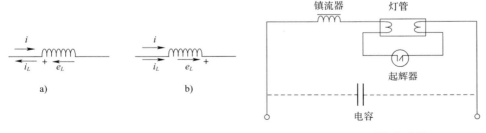

图 9-16 自感电动势方向图
a)外电流增大时;b)外电流减小时

图 9-17 日光灯电路图

电路接通后,启辉器中的氖气停止放电,U 形触片冷却收缩,两个触片分离,电路自动断开。在电路突然断开的瞬间,镇流器的两端产生一个瞬时高压,这个电压和电源电压都加在灯管两端,使灯管中的汞蒸气开始导电,于是荧光灯管成为电流的通路开始发光。在荧光灯正常发光时,与灯管串联的镇流器就起着降压限流的作用,保证荧光灯的正常工作。

(五) 自感的危害

在自感系数很大而电流又很强的电路中,在切断电源瞬间,电流在很短的时间内发生了很大变化,会产生很高的自感电动势,在断开处形成电弧(俗称电火花),这不仅会烧坏开关,甚至会危及工作人员的安全。因此,切断这类电源必须采用特制的安全开关。在含有大电感的开关中通常装有灭弧装置(如置于有灭弧作用的油罐中),最简便的灭弧方法是在线圈两端并接一个合适的电阻或电容,这样自感电流就有了一个闭合回路,自感电流的能量就消耗在回路中。

七、互感

(一) 互感现象

法拉第电磁感应实验:如图 9-18 所示,1831 年 8 月 29 日,法拉第用软铁做成一个外径 6 英寸的环,其上绕有 A、B 两组线圈。B 线圈接检流计,A 线圈连接电池。当 A 线圈接通和断开电源时,发现检流计指针摆动,B 线圈有电流产生。

在实验中,两个线圈之间并没有导线相连,但当一个线圈中的电流发生变化时,它所产生的变化的磁场会在另一个线圈中产生感应电动势。这种现象不仅发生于绕在同一铁芯上的两个线圈之间,且可发生于任何两个相互靠近的电路之间。如图 9-19 所示实验分析,开关闭合瞬间电流表指针偏转。开关闭合瞬间,初级线圈中电流的变化,产生变化的磁通量,这个变化的磁通量中有一部分要通过次级线圈,使次级线圈产生感应电动势,并由此产生感应电流使微安表发生偏转。

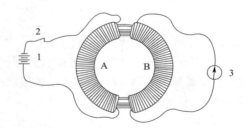
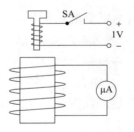

图 9-18　法拉第电磁感应现象电路图　　图 9-19　互感原理图

开关合上后,保持电流不变,微安表指针不偏转。保持电流不变,线圈中的磁通量不变,则感应电流为零。

断开开关瞬间,微安表指针偏转。断开开关瞬间,初级线圈中电流的变化,要产生变化的磁通量,这个变化的磁通量中有一部分要通过次级线圈,使次级线圈产生感应电动势,并由此产生感应电流使微安表发生偏转。

由实验可知:当一个线圈中电流变化,引起另一个线圈中产生电磁感应的现象,称为互感。互感现象中产生的感应电动势,称为互感电动势。互感电动势的大小与互感磁通量的变化率以及次级线圈的匝数成正比,当两个线圈互相垂直时,互感电动势最小。

互感现象遵循法拉第电磁感应定律和楞次定律。互感现象可以把能量从一个线圈传递到另一个线圈。因此,互感现象在电工电子技术中有广泛的应用。

(二)同名端

互感线圈绕在同一铁芯上,其绕向一致而产生感应电动势的极性始终保持一致的端子叫线圈的同名端,用"·"或"＊"表示。感应电动势极性相反的端子叫异名端。

无论通入线圈的电流如何变化,线圈绕向相同的端子,其自感或互感电动势的极性始终是相同的。同名端的判别方法:

(1)在已知线圈的绕法的情况下运用楞次定律直接判定。

①确定原磁通量方向;

②判定穿过回路的原磁通量变化情况(根据原线圈中电流的变化);

③根据楞次定理确定感应电流的磁场方向;

④根据右手螺旋法则,由感应磁场方向确定感应电流方向。

根据判断定则推导出自感电动势和互感电动势的指向,由此确定两线圈的同名端和异名端。

在图 9-20 中,K 闭合瞬间,线圈 A 的"1"端电流增大,线圈 A 是自感,线圈 B,C 是互感,根据楞次定律和右手螺旋定则可以判断出各线圈感应电动势的极性如 9-20 图所示,绕向相同的 1,4,5 这三个端点感应电动势极性为"＋",而 2,3,6 这三个端点都为"－"。断开 K 瞬间,1,4,5 这三个端点感应电动势极性为"－",而 2,3,6 这三个端点都为"＋"。所以线圈 A,B,C 中的 1,4,5 端点为同名端,2,3,6 端点也是同名端。

同名端的概念,也为实际使用电感器件带来方便,人们只要通过器件外部的同名端符号,就可以知道线圈的绕向。如果同名端符号脱落,还可以用实验的方法确定同名端。

(2)在无法知道线圈的具体绕法时,用实验方法来判定,也称为交流法。

实验电路图 9-21 所示,初级线圈接 220V 交流电源,把万用表调到交流 220V 挡,分别测量 AB、CD、AD、BD 端的电压。若 $U_{AD} = U_{AB} + U_{CD}$,则 A 与 D 为异名端,因为顺接时(BC 端相接),两线圈电压方向一致,总电压为两线圈电压相加;$U_{AD} = |U_{AB} - U_{CD}|$,则 A 与 D 为同名端,因为反接时(AC 端相接),两线圈电压方向相反,总电压为两线圈电压相减。交流法的实质是通过两线圈总电压大小的比较,来确定两线圈连接关系,从而判断其同名端。

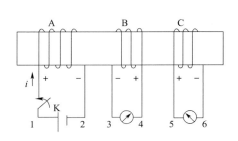

图 9-20 同名端分析电路图

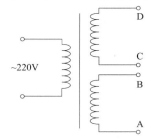

图 9-21 同名端实验电路图

思考与练习

一、填空题

1. 磁体的磁极分_____极和_____极,分别用字母_____和_____表示。

2. 磁极间相互作用的规律是_____，_____。

3. 磁铁的两端称为_____，并把指向南方的磁极叫_____，指向北方的磁极叫_____。

4. 磁力线在磁体外部由_____极指向_____极，在磁体内部由_____极指向_____极。

二、判断题

1. 物体能吸引铁、镍、钴等金属的性质叫磁性。（　　）
2. 磁体的 N 极和 S 极总是成对出现，不能单独出现。（　　）
3. 地球本身就是一个大磁体。（　　）
4. 具有磁性的物体叫磁体。（　　）
5. 任何磁体都有两个磁极，即 N 极和 S 极。（　　）
6. 一根条形磁铁有 5 个南极。（　　）
7. 磁体的磁场方向总是从 N 极指向 S 极。（　　）
8. 在磁场中，小磁针受磁场力作用后静止时 N 极所指的方向，即为小磁针所在处的磁场方向。（　　）
9. 让一根导体通入电流，导体的周围就产生磁场。（　　）
10. 电流能产生磁场，磁场在一定条件下也能产生电流。（　　）
11. 磁体在线圈中移动的速度越快，产生的感应电动势越小。（　　）
12. 感应电流产生的磁通总是企图阻碍原磁通的变化。（　　）

三、选择题

1. 在条形磁铁中，磁性最强的部位是(　　)。
   A. 两磁极上　　　　B. 不能确定　　　　C. 中间

2. 下列物质中，能被磁体吸引的是(　　)。
   A. 铁　　　　　　　B. 木　　　　　　　C. 塑料

3. 一根条形磁铁有(　　)个磁极。
   A. 2　　　　　　　B. 3　　　　　　　C. 4

4. 磁铁有(　　)两个磁极。
   A. 东极、西极　　　B. 东极、南极　　　C. 南极、北极

5. 同名磁极之间的相互作用力为(　　)。
   A. 排斥力　　　　　B. 吸引力　　　　　C. 无力作用

6. 在图 9-22 中，当磁铁向下运动，电流表的指针(　　)。

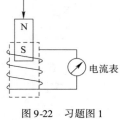

图 9-22　习题图 1

   A. 偏转　　　　　　B. 不偏转　　　　　C. 无法判断

7. 在图 9-23 中,当磁铁向上运动,电流表的指针(　　)。

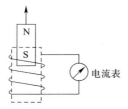

图 9-23　习题图 2

A. 偏转　　　　　　　B. 不偏转　　　　　　　C. 无法判断

8. 在图 9-24 中,当磁铁静止不动,电流表的指针(　　)。

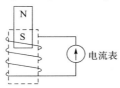

图 9-24　习题图 3

A. 偏转　　　　　　　B. 不偏转　　　　　　　C. 无法判断

9. 在图 9-25 中,当磁铁加快运动,电流表的指针(　　)。

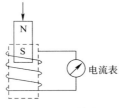

图 9-25　习题图 4

A. 偏转弧度增大　　　B. 不偏转　　　　　　　C. 无法判断

四、作图题

1. 在图 9-26 中判断并标出通电线圈的 N 极和 S 极。

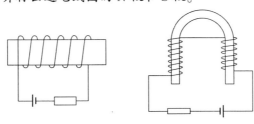

图 9-26　习题图 5

2. 在图 9-27 中判断并标出线圈中的电流方向。

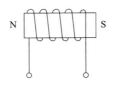 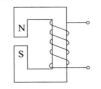

图 9-27　习题图 6

3. 如图9-28所示,请根据小磁针在图中位置标出电源的正、负极性。

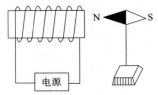

图9-28　习题图7

4. 根据楞次定律,应用右手定则,画出图9-29中感应电流的方向。

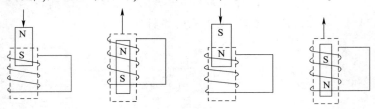

图9-29　习题图8

五、简答题

1. 什么是磁感应现象?

2. 简述用楞次定律判断感应电流方向的步骤。

项目十　交流电路认知

学习目标

完成本项目学习后,你应能:
1. 能够根据正弦交流电瞬时表达式求交流电的三要素;
2. 能够在正弦交流电波形图中标出交流电的三要素;
3. 能够叙述日光灯电路的组成和工作原理;
4. 能够画出日光灯电路连接图。

建议学时
4 学时。

一、交流电概述

直流电路的电压、电流和电动势的大小和方向都不随时间的变化而变化,如图 10-1a)所示。交流电是指大小和方向都随时间作周期性变化的电动势(或电压、电流),或说交流电是交变电动势、交变电压和交变电流的总称,如图 10-1b)所示。

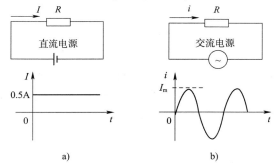

图 10-1　交流电与直流电的区别

按交流电的变化规律可分为正弦交流电和非正弦交流电,如图 10-2 所示。图 10-2a)和图 10-2c)为非正弦交流电,图 10-2b)为正弦交流电。

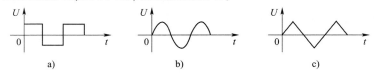

图 10-2　交流电的波形图

交流电用途广泛,在生产、运输和使用等方面具有许多优越性。首先,在交流电路中可以利用变压器来改变电压,实现高压输电(减少线路损耗)和低压用电(用电安全和降低绝缘要求)。其次,电力拖动普遍应用的交流电动机与直流电动机相比,具有结构简单、价格便宜、运行可靠、维护方便等特点。对于一些必须使用直流电的场合,如城市无轨电车、蓄电池充电电源以及各种电子仪器,也往往是将交流电通过整流设备转换为直流电。

二、正弦交流电的产生

工农业生产和日常生活中使用的正弦交流电是交流发电机产生的,图 10-3 是最简单的交流发电机的发电原理图。它包括两部分:固定在机壳上的一对磁极和可以绕轴自由转动的圆柱形电枢。磁极的作用是使气隙中的磁感应强度沿电枢周围按正弦规律分布,且磁力线垂直于电枢表面。电枢的作用是当电枢转动时(原动机带动),嵌在电枢中的线圈作切割磁感线运动产生感应电动势。线圈的两端分别与装在电枢转轴上的两个彼此绝缘的滑环(铜环)相接,滑环经过电刷与外电路连接。

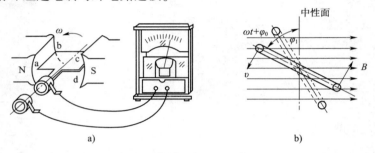

图 10-3 交流发电机发电原理图

在图 10-3b)中,气隙中的磁场按正弦规律分布,磁极中心,磁感应线密集,磁感应强度最大($B = B_{max}$);离开磁极中心处,磁感应线越来越稀,磁感应强度越来越小;到中性面,磁感应强度为零($B = 0$)。沿电枢表面任一点的磁感应强度 B 为:

$$B = B_m \sin\alpha \tag{10-1}$$

式中:α——电枢表面任一点的轴线决定的平面与几何中心的夹角。

当电枢以等角速度 ω 逆时针旋转时,电枢线圈将不断地切割磁感应线的导体,其有效长度为 l [图 10-3a)中的 ab 边与 cd 边之和],则线圈两边导体产生的电动势 e 大小为:

$$e = Blv \tag{10-2}$$

把式(10-1)代入得:

$$e = B_m v l \sin\alpha \tag{10-3}$$

在式(10-3)中:

(1)对给定发电机,$B_m vl$ 为一常数,且为感应电动势的最大值,故令 $E_m = B_m vl$。

(2)α 为电枢转过的角度。如果线圈的起始位置与中性面的夹角是 ψ,经过时间 t 后,它们之间的夹角则为 $\alpha = \omega t + \psi$。这时,正弦交流电动势的瞬时表达式(随时间变化的函数式,又叫解析式)为:

$$e = E_m \sin(\omega t + \psi) \tag{10-4}$$

同理,可得正弦交流电压和电流的表达式为:

$$u = U_m \sin(\omega t + \psi_u) \tag{10-5}$$

$$i = I_m \sin(\omega t + \psi_i) \tag{10-6}$$

波形图如图 10-4 所示。

必须指出的是,以上给出的交流发电机示意图是最简单的二级(一对磁极)发电机,电枢旋转的角度(通常叫机械角)正好等于正弦交流电压变化的角度(通常叫电角度)。两对以上磁极的发电机就与此不同。

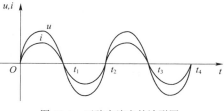

图 10-4　正弦交流电的波形图

三、正弦交流电的三要素

描述正弦交流电的三个基本量称为正弦交流电的三要素,以下根据交流电的瞬时表达式分别说明如下:

(一)最大值

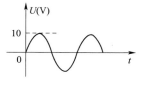

图 10-5　交流电压的最大值是 10V

最大值是用来表示正弦交流电瞬时值变化范围的物理量,式(10-4)~式(10-6)中的 E_m、U_m、I_m 均为最大值。正弦交流电在其变化过程中,对给定任意时刻 t 就有与其对应的电动势、电压或电流的数值,叫瞬时值,用小写字母 e、u、i 表示。最大值就是瞬时值中最大的数值,又叫振幅或峰值,如图 10-5 中 u 的最大值 U_m 是 10V。

(二)频率、周期和角频率

频率、周期和角频率都是描述正弦交流电变化快慢的物理量。

频率是指交流电每秒钟变化的次数,用 f 表示,如图 10-6 所示。频率的单位是赫兹,简称赫,单位符号是 Hz。实际应用中还有千赫(kHz)、兆赫(MHz)。它们之间的换算关系是

$$1kHz = 10^3 Hz$$
$$1MHz = 10^3 kHz = 10^6 Hz$$

我国和世界上大多数国家的电力工业的标准频率(通常简称为工频)都是 50Hz,也有少数国家(如美国和日本)的工频采用 60Hz。

周期是指交流电变化一周所用的时间,用 T 表示,单位是秒(s),如图 10-7 所示,交流电流的周期是 0.02s。所以频率和周期在数值上互为倒数。

$$f = 1/T \tag{10-7}$$

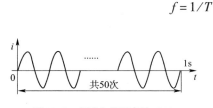

图 10-6　交流电的频率是 50Hz

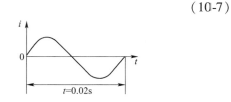

图 10-7　交流电流的周期是 0.02s

角频率是指交流电每秒钟变化的角度,用 ω 表示,单位是弧度/秒,单位符号是 rad/s。交流电每变化一周所经历的电角度为 $2\pi rad$,所以角频率和频率之间有如下关系

$$\omega = 2\pi f = 2\pi/T \tag{10-8}$$

【例 10-1】　已知我国电力工频为 50Hz,问周期、角频率各为多少?

解:根据式(10-7)可得,$T = 1/f = 1/50 = 0.02s$

又根据式(10-8)可得,$\omega = 2\pi f = 2 \times \pi \times 50 = 100\pi \text{rad/s} \approx 314 \text{rad/s}$

(三) 初相角

在式(10-4)~式(10-6)中,角度($\omega t + \psi$)叫相位角,简称相位,是决定正弦交流电压在某一时刻所处状态的物理量。

$t = 0$ 时的相位角 ψ,称为初相角,也叫初相位或初相。初相反映了正弦交流电计时起点的状态。在正弦量的解析式中,通常规定初相不得超过 $\pm 180°$。在此规定下,初相为正角时,正弦量对应的初始数值 一定为正值;初相为负角时,正弦量对应的初始数值一定为负值。在波形图上表示初相角时,横坐标常以弧度(rad)或度(°)为单位,取曲线由负值变为正值的零点(取离坐标原点最近的零点)与坐标原点间的角度为初相角,在坐标原点左侧的初相角为正值,在右侧的为负值。可按以下三种情况理解:

(1) 当 $t = 0$ 时,如果 $\psi > 0$,表明正弦量为正值,其波形图的零点在坐标原点左侧,相差的电角度为 ψ,如图 10-8a)所示。

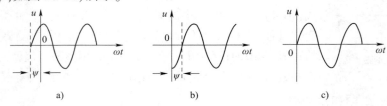

图 10-8 初相角的三种情况

(2) 当 $t = 0$ 时,如果 $\psi < 0$,表明正弦量为负值,其波形图的零点在坐标原点的右侧,相差的电角度为 ψ,如图 10-8b)所示。

(3) 当 $t = 0$ 时,如果 $\psi = 0$,表明正弦量为零,其波形图的零点与坐标原点重合,如图 10-8c)所示。

综上所述,最大值、频率和初相位各自反映正弦交流电一个方面的特征,通过这三个量可以完整地表达一个正弦交流电,即可画出它的波形图或写出它的瞬时表达式,故称它们为正弦交流电的三要素。

【例 10-2】 已知正弦交流电压的最大值 $U_\text{m} = 311\text{V}$,频率 $f = 50\text{Hz}$,初相位 $\psi = \dfrac{\pi}{6}$。求

(1) 该电压的瞬时表达式;

(2) $t = 0\text{ms}$ 和 $t = 10\text{ms}$ 时的电压值。

解:(1) 交流电压的一般表达式,$u = U_\text{m}\sin(\omega t + \psi)$

式中 $\qquad U_\text{m} = 311\text{V} \qquad \omega = 2\pi f = 100\pi \qquad \psi = \dfrac{\pi}{6}$

$$u = 311\sin\left(100\pi t + \dfrac{\pi}{6}\right)\text{V}$$

(2) 当 $t = 0\text{ms}$ 时,$u = 311\sin\left(\dfrac{\pi}{6}\right)\text{V} = 155.5\text{V}$

当 $t = 10\text{ms}$ 时,$u = 311\sin\left(100\pi \times 10 \times 10^{-3} + \dfrac{\pi}{6}\right)\text{V} = -155.5\text{V}$

【例 10-3】 已知正弦交流电流瞬时表达式为 $i = 22\sqrt{2}\sin\left(100\pi t + \dfrac{\pi}{6}\right)$，试求出电流的最大值、有效值、角频率、频率、周期、初相位。

解：将 $i = 22\sqrt{2}\sin\left(100\pi t + \dfrac{\pi}{6}\right)$ 与公式 $i = I_m\sin(\omega t + \psi)$ 比较可得：

最大值和有效值：$I_m = 22\sqrt{2}\,\text{A}\qquad I = \dfrac{22\sqrt{2}}{\sqrt{2}} = 22\,\text{A}$

角频率、频率、周期：

$$\omega = 100\pi\,\text{rad/s}$$

$$f = \dfrac{\omega}{2\pi} = \dfrac{100\pi}{2\pi} = 50\,\text{Hz}$$

$$T = \dfrac{1}{f} = \dfrac{1}{50} = 0.02\,\text{s}$$

初相位：

$$\psi = \dfrac{\pi}{6}$$

四、相位差

相位差，顾名思义就是两个正弦交流电的相位之差，用 ψ 表示。对同频率的两个正弦交流电，ψ 为常数；对不同频率的两个正弦交流电，$\psi = f(t)$。以下所讨论的是同频率正弦交流电的相位差。

设

$$e_1 = E_m\sin(\omega t + \psi_1)$$
$$e_2 = E_m\sin(\omega t + \psi_2)$$

则 e_1 与 e_2 之间的相位差为：

$$\psi = (\omega t + \psi_1) - (\omega t + \psi_2) = \psi_1 - \psi_2 \tag{10-9}$$

可见，两个同频率正弦交流电的相位差就是它们的初相位之差。它可能出现以下几种情况：

（1）$\psi = \psi_1 - \psi_2 > 0$ 时，说明 e_1 比 e_2 先到达最大值或零值，称 e_1 的相位超前 e_2 的相位 ψ，简称 e_1 超前 $e_2\psi$ 角，或 e_2 滞后 $e_1\psi$ 角，如图 10-9a) 所示。

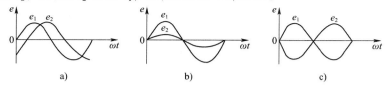

图 10-9 e_1、e_2 的相位关系

（2）$\psi = \psi_1 - \psi_2 < 0$ 时，说明 e_1 比 e_2 晚到达最大值或零值，称 e_1 滞后 $e_2\psi$ 角，或 e_2 超前 $e_1\psi$ 角。

（3）$\psi = \psi_1 - \psi_2 = 0$ 时，说明同时到达最大值或零值，称 e_1 和 e_2 相同，如图 10-9b) 所示。

（4）$\psi = \psi_1 - \psi_2 = \pm\pi$，说明 e_1 到达正最大值时，e_2 到达负最大值，称 e_1 和 e_2 相反，如图 10-9c) 所示。

值得提出的是，超前和滞后是相对的，习惯上超前和滞后的角度以不超过 180° 为限。

例:e_1 超前 e_2 210°时,习惯表达是 e_1 滞后 e_2 150°。

五、有效值

交流电的最大值不能正确反应交流电做功能力,因此引入有效值这一物理量。交流电的有效值是根据其热效应来确定的。如图 10-10 所示,如果在数值相等的两个电阻中,分别通过交流电和直流电,在相同的时间里,它们各自产生的热量相等,则把直流电电流的数值称为该交流电流的有效值。用大写字母 I 表示。同理,可以把在数值相等的电阻上产生热效应相等的直流电压、直流电动势分别称为交流电压、交流电动势的有效值,用大写字母 U,E 表示。

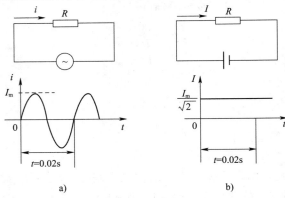

图 10-10 交流电的有效值
a)通交流电;b)通直流电

平常所说的交流电流、电压和电动势的大小,各种交流电气设备铭牌所标的额定值,均是它们的有效值,如电度表所标的容量"220V,10A"就是指交流电压和电流的有效值。用电压表所测量的电压、电流数值也是交流电的有效值。理论和实验都可以证明,正弦交流电的有效值和最大值有下列关系:

$$I = \frac{I_m}{\sqrt{2}} = 0.707 I_m$$

$$U = \frac{U_m}{\sqrt{2}} = 0.707 U_m$$

$$E = \frac{E_m}{\sqrt{2}} = 0.707 E_m$$

由此可见,正弦交流电的有效值等于最大值的 $\frac{1}{\sqrt{2}}$ 倍或 0.707 倍。所以,在交流电路中使用的一些元器件(指耐压标直流值的)耐压水平和计算电气设备绝缘要求时,应当考虑交流电的最大值,以免造成元器件击穿和绝缘损坏。

六、日光灯交流电路

日光灯是生活中最常用的交流照明设备,现通过对日光灯电路的组成和工作原理分析,更好地了解电路的一般结构和原理。

(一)日光灯电路的组成

简单的日光灯电路由灯管、启辉器和镇流器等组成,如图 10-11 所示。

1. 日光灯管

日光灯管是一根玻璃管,内壁涂有一层荧光粉(钨酸镁、钨酸钙、硅酸锌等),不同的荧光粉可发出不同颜色的光。灯管两端装有灯丝电极,灯丝上涂有受热后易发射电子的氧化物,管内充有稀薄的惰性气体(如氩气)和水银蒸气,如图 10-12 所示。

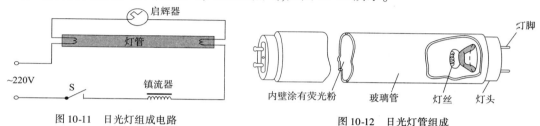

图 10-11 日光灯组成电路　　　　　图 10-12 日光灯管组成

2. 镇流器

镇流器是一个带有铁心的电感线圈,如图 10-13 所示。当线圈中有电流通过时产生磁场,即电流的磁效应;当流过线圈的电流发生变化时,引起自感现象,产生感应电动势。感应电动势总是起着阻碍外电流变化的作用。镇流器主要有以下两个作用:

(1)启辉器两个电极跳开瞬间,镇流器产生脉冲高电动势,使灯管点燃。

(2)日光灯正常发光后,镇流器起降压限流的作用。

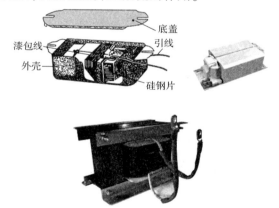

图 10-13 日光灯镇流器结构图

3. 启辉器

启辉器是一个小型的辉光管,在小玻璃管内充有氖气,并装有两个电极,如图 10-14 所示。其中一个电极用线膨胀系数不同的两种金属组成(通常称双金属片),冷态时两电极分离,受热时双金属片会因受热而变弯曲,使两电极自动闭合,如图 10-15 所示。

日光灯电路由于镇流器的电感量大,功率因数很低,在 0.5~0.6。为了改善线路的功率因数,故要求用户在电源处并联一个适当大小的电容器,如图 10-16 所示。

图 10-14 启辉器结构

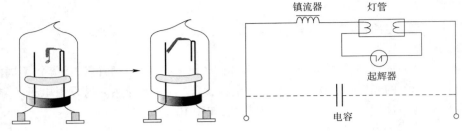

图 10-15 启辉器工作原理图　　图 10-16 日光灯电路并联电容器

(二)日光灯的工作原理

1. 日光灯的点燃过程

(1)当接通电源时,220V 电源电压加在启辉器两极间,氖气放电发出辉光,产生的热量使 U 型动触片膨胀伸长,跟静触片接触使电路接通,如图 10-17 所示,电流通过镇流器、灯管两端的灯丝及启辉器构成回路。灯丝和镇流器中有电流通过,灯丝很快被电流加热,发射出大量电子。

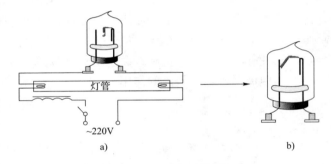

图 10-17 日光灯工作原理

(2)电路接通后,启辉器两极闭合,两极间电压为零,启辉器中的氖气停止放电,U 型片冷却收缩,两个触片分离,电路自动断开,如图 10-18 所示。

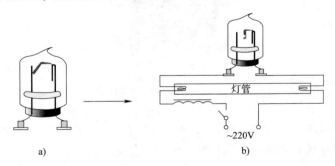

图 10-18 日光灯工作原理

(3)在电路突然断开的瞬间,如图 10-18b)所示,镇流器电流急剧减小,会产生很高的自感电动势(400~600V),方向与电源电动势方向相同,这个自感电动势与电源电压加在一起形成一个瞬时高压,作用于灯管两端。灯丝受热时发射出来的大量电子,在灯管两端高电压作用下,以极大的速度由低电势端向高电势端运动。在加速运动的过程中,碰撞管内氩气分子,使之迅速电离。氩气电离生热,热量使水银产生蒸气,随之水银蒸气也被电离,并发出强烈的紫外线。在紫外线的激发下,管壁内的荧光粉发出近乎白色的可见光。

2. 日光灯正常发光

日光灯正常发光后,交变电流通过镇流器线圈,线圈中会产生自感电动势,它总是阻碍电流变化的。这时的镇流器起着降压限流的作用,使电流稳定在灯管的额定电流范围内,灯管两端电压也稳定在额定工作电压范围内,保证日光灯正常发光。

日光灯正常发光后,灯管两端的电压较低(40W 灯管的两端电压约为110V,20W 的灯管约为60V),此电压不足以使启辉器再次产生辉光放电。因此,启辉器仅在启辉过程中起作用,一旦启辉完成,便处于断开状态。

思考与练习

一、填空题

1. 交流电按变化规律可分为_____交流电和_____交流电。
2. 交流电是指_____和_____都随时间作周期性变化的电动势(或电压、电流)。
3. 正弦交流电的最大值等于有效值_____倍。
4. _____,_____和_____都是描述正弦交流电变化快慢的物理量。
5. 正弦量的三要素是指_____、_____和_____。
6. 简单的日光灯电路由_____、_____和_____等组成。
7. 启辉器是一个小型的辉光管,有两个电极,冷态时两电极_____,受热时双金属片会因受热而变弯曲,使两电极自动_____。
8. 日光灯正常发光后,这时的镇流器起着_____的作用,保证日光灯正常发光。
9. 启辉器仅在启辉过程中起作用,一旦启辉完成,便处于_____。

二、选择题

1. 下列电压波形中,(　　)是正弦交流电压波形。

   A.　　　　　　　　B.　　　　　　　　C.

2. 已知电路电流 $i = 14.14\sin(314t + 30°)$ A,则电流最大值 I_m 为(　　)。

   A. 14.14A　　　　　　B. 8A　　　　　　C. 20A

3. 已知电路电压 $u = 10\sqrt{2}\sin\left(314t + \dfrac{\pi}{3}\right)$ V,则电压的初相位为(　　)。

   A. $\dfrac{\pi}{2}$　　　　　　B. $\dfrac{2\pi}{3}$　　　　　　C. $\dfrac{\pi}{3}$

4. 某交流电动势 $e = 220\sqrt{2}\sin\left(314t + \dfrac{\pi}{6}\right)$ V,则电动势的角频率 ω 为(　　)。

   A. 220rad/s　　　　　　B. 314rad/s　　　　　　C. $\dfrac{\pi}{6}$

5. 图 10-19 为某正弦交流电流波形,其电流的周期是( )。

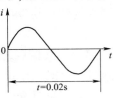

图 10-19 习题图 1

　　A. 1s　　　　　　　　B. 10s　　　　　　　　C. 0.02s

6. 图 10-20 为某正弦交流电压波形,其电压的频率是( )。

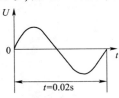

图 10-20 习题图 2

　　A. 50Hz　　　　　　　B. 10Hz　　　　　　　C. 30Hz

7. 图 10-21 为某正弦交流电压波形,其电压的频率是( )。

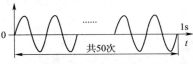

图 10-21 习题图 3

　　A. 50Hz　　　　　　　B. 10Hz　　　　　　　C. 30Hz

8. 我国电力工频为 50Hz,则周期是( )。

　　A. 10s　　　　　　　　B. 20s　　　　　　　　C. 0.02s

9. 频率的单位是赫兹,单位符号是( )。

　　A. S　　　　　　　　　B. Hz　　　　　　　　C. rad/s

10. 图 10-22 为某正弦交流电压波形,其电压最大值是( )。

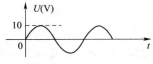

图 10-22 习题图 4

　　A. 5V　　　　　　　　B. 10V　　　　　　　　C. 15V

11. 图 10-23 为某正弦交流电动势波形,其电动势有效值是( )。

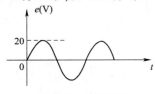

图 10-23 习题图 5

　　A. 5V　　　　　　　　B. $\sqrt{2}$V　　　　　　　C. 30V

12. 某正弦交流电压有效值 10V,则其最大值是(　　)。

　　A. $10\sqrt{2}$V   B. 20V   C. 30V

13. 如图 10-24 为交流电动势 e_1 和 e_2 的波形,e_1 和 e_2 的相位关系是(　　)。

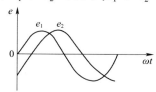

图 10-24　习题图 6

　　A. e_1 超前 e_2 B. e_1 滞后 e_2 C. 无法确定

14. 如图 10-25 为交流电动势 e_1 和 e_2 的波形,e_1 和 e_2 的相位关系是(　　)。

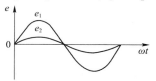

图 10-25　习题图 7

　　A. e_1 滞后 e_2 B. e_1 和 e_2 同相   C. 无法确定

15. 如图 10-26 为交流电动势 e_1 和 e_2 的波形,e_1 和 e_2 的相位关系是(　　)。

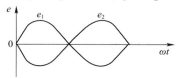

图 10-26　习题图 8

　　A. e_1 超前 e_2 B. e_1 滞后 e_2 C. e_1 和 e_2 反相

16. 如图 10-27 为交流电压 u 和电流 i 的波形,电压 u 和电流 i 的相位关系是(　　)。

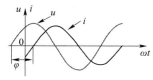

图 10-27　习题图 9

　　A. 电压滞后电流 ψ B. 电压和电流同相   C. 电压超前电流 ψ

17. 正弦量 $u_1 = 20\sin(314t + 60°)$V 和 $u_2 = 40\sin(314t - 30°)$V 的相位差为(　　)。

　　A. 90°   B. 45°   C. 20°

18. 如图 10-28 电流和电压的相位差是(　　)。

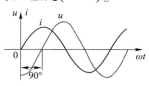

图 10-28　习题图 10

A. 90°　　　　　　　　B. 45°　　　　　　　　C. 20°

19. 两个正弦交流电流 $i_1 = 5\sin\left(314t + \dfrac{\pi}{6}\right)$ A, $i_2 = 10\sqrt{2}\sin\left(314t + \dfrac{\pi}{4}\right)$ A, 它们相同的是（　　）。

　　A. 最大值　　　　　B. 有效值　　　　　C. 周期

20. 两个正弦交流电压 $u_1 = 220\sqrt{2}\sin(314t + 80°)$ V, $u_2 = 220\sqrt{2}\sin(314t + 50°)$ V, 则 u_1 与 u_2 的相位关系是（　　）。

　　A. u_1 超前 u_2 30°　　　B. u_1 滞后 u_2 80°　　　C. 同相

21.（　　）是用来表示正弦交流电瞬时值变化范围的物理量。

　　A. 最大值　　　　　B. 频率　　　　　　C. 初相位

三、计算题

1. 已知我国电力工频为 50Hz, 问周期和角频率各为多少？

2. 已知正弦交流电压的最大值 $U_m = 311$ V, 频率 $f = 50$ Hz, 初相位 $\psi = \pi/6$, 求该电压的瞬时表达式。

3. 已知正弦交流电流瞬时表达式为 $i = 22\sqrt{2}\sin\left(100\pi t + \dfrac{\pi}{6}\right)$ A, 试求出电流的最大值、有效值、角频率、频率、周期、初相位。

四、看图填空题

1. 根据日光灯管的结构图（图10-29）填空。

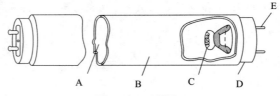

图10-29　习题图11

A. _____　B. _____　C. _____　D. _____　E. _____

2. 根据启辉器结构图（图10-30）填空。

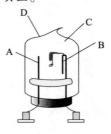

图10-30　习题图12

A. _____ B. _____ C. _____ D. _____

3. 把下面各元件(图 10-31)连接起来构成日光灯电路。

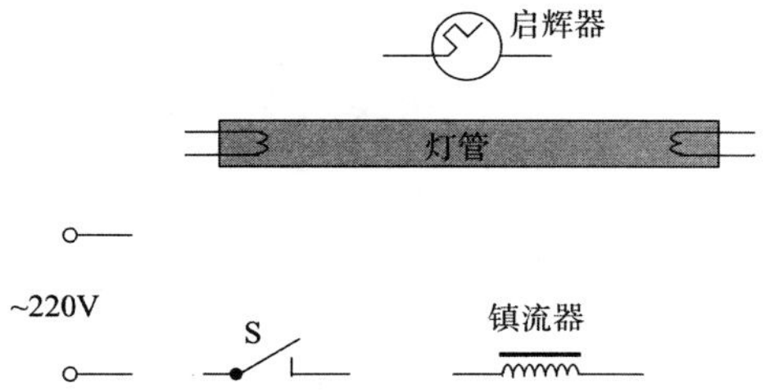

图 10-31　习题图 13

五、简答题

1. 镇流器在日光灯电路中主要有什么作用？

2. 简述日光灯工作原理。

项目十一　二极管认知与检测

学习目标

完成本项目学习后,你应能:

1. 能够掌握半导体、P 型半导体、N 型半导体、PN 结、单向导电性等;
2. 能够掌握二极管的结构;画出二极管的符号,标出正、负极,普通二极管,能从二极管的外形判断二极管的正、负极;能画出二极管正向连接电路和反向连接电路;
3. 能够掌握用万用表判别二极管的好坏、极性、材料的方法及步骤。

建议学时

4 学时。

用半导体材料制成的晶体二极管和三极管,具有体积小、质量轻、工作可靠、使用寿命长、耗电少等优点,因而在电子电路中得到了广泛的应用。

一、半导体基本知识

自然界中,物质根据导电性能不同,可分为三类,如图 11-1 所示。一类是导电性能良好的物质,叫作导体,如银、金、铜、铁等。另一类是几乎不能导电的物质,叫作绝缘体,如塑料、陶瓷、玻璃、橡胶等。还有一类物质,它的导电能力介于导体和绝缘体之间,这一类物质叫作半导体,常见的半导体材料有硅(Si)和锗(Ge)。

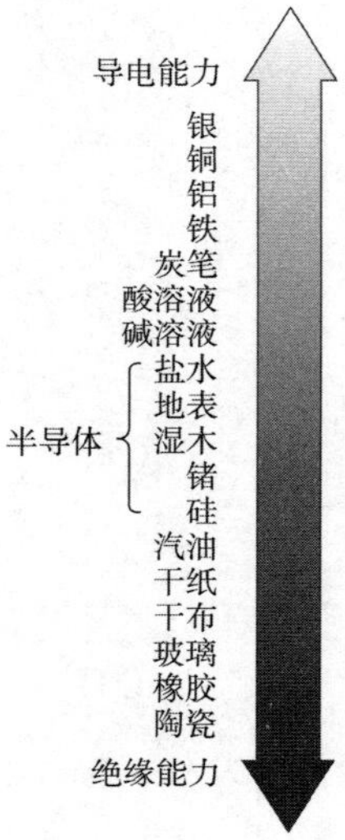

半导体中导电的载流子有两种:即电子和空穴。不加杂质的纯净半导体晶体叫作本征半导体,如本征硅或本征锗。为了提高半导体的导电性能,在本征半导体中掺入三价元素或五价元素等杂质所形成的半导体,叫作杂质半导体。根据所掺入杂质元素的不同,杂质半导体可分为 P 型半导体和 N 型半导体。

图 11-1　物质按导电能力的分类

(一) P 型半导体

在本征半导体硅或者锗晶体中掺入三价元素就形成 P 型半导体,如图 11-2 所示。在 P 型半导体中多数载流子是空穴,少数载流子是电子,主要靠空穴导电,也叫空穴型半导体。

硅或者锗晶体 → 在晶体中加入3价元素 → 形成P型半导体

图 11-2　P 型半导体的形成

(二) N 型半导体

在本征半导体硅或者锗晶体中掺入五价元素就形成 N 型半导体,如图 11-3 所示。在 N 型半导体中多数载流子是电子,少数载流子是空穴,主要靠电子导电,也叫电子型半导体。

图 11-3　N 型半导体的形成

(三) PN 结

在本征半导体硅或者锗晶体的一端掺入三价元素使其形成 P 型半导体,另一端掺入五价元素使其形成 N 型半导体,再把 P 型半导体和 N 型半导体通过一定的方法结合起来,那么在 P 型半导体和 N 型半导体的交界处就会形成一层很薄的特殊区域,称之为 PN 结,如图 11-4 所示。

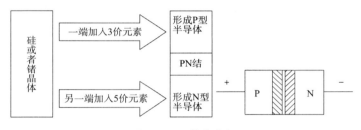

图 11-4　PN 结的形成

(四) PN 结的单向导电特性

当 PN 结的 P 区接电源的正极,N 区接电源的负极,称 PN 结加正向电压,也叫正偏。如图 11-5a) 所示。此时 PN 结导通,呈低阻性,灯亮。

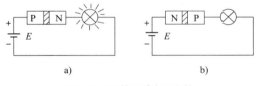

图 11-5　PN 结的单向导电性
a) PN 结正偏;b) PN 结反偏

当 PN 结的 P 区接电源的负极,N 区接电源的正极,称 PN 结加反向电压,也叫反偏。如图 11-5b) 所示。此时 PN 结截止,呈高阻性,灯不亮。

PN 结加正向电压时导通;加反向电压时截止。这种性质称 PN 结的单向导电特性。

二、晶体二极管结构

晶体二极管(简称二极管)是由一个 PN 结加上相应的电极引线和管壳做成的,如图 11-6a) 所示,从 P 区引出的电极引线为正极(也称阳极),从 N 区引出的电极引线为负极(也称阴极),二极管的电路符号如图 11-6b) 所示。

图 11-6　晶体二极管的结构和符号
a) 内部结构;b) 符号

二极管其实就是一个 PN 结,所以二极管的性质和 PN 结的性质相同,即具有单向导电特性。二极管正极接电源正极,二极管负极接电源负极,称二极管加正向电压,也叫正偏。如图 11-7a)所示,此时二极管导通,呈低阻性,灯亮。二极管正极接电源负极,二极管负极接电源正极,称二极管加反向电压,也叫反偏,如图 11-7b)所示,此时二极管截止,呈高阻性,灯不亮。

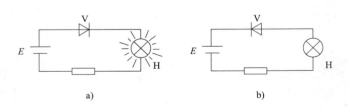

图 11-7　二极管单向导电性

二极管的极性一般可根据外形及外壳上的标记判别,如图 11-8 所示。

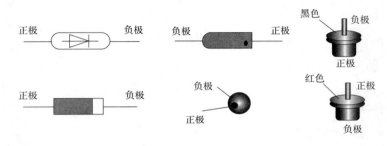

图 11-8　二极管的外形与极性

三、二极管的检测

检测原理:晶体二极管的单向导电特性,即正向电阻很小,反向电阻很大,可以利用这一特性,用万用表测量出二极管的好坏和极性。

(一)数字万用表检测

1. 数字万用表的结构

二极管挡时,红表笔是(表内电源)正极,黑表笔是(表内电源)负极,如图 11-9 所示。

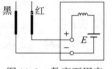

图 11-9　数字万用表电池极性

2. 二极管好坏的判别

通常用万用表二极管挡来测试二极管的正、反向值进行判断。把万用表的量程调到二极管挡,将两表笔分别正接或反接在被测二极管的两端,即可测得一大一小两个值。其中,小的值是二极管的导通电压,以毫伏显示的表,硅管在 500~800,锗管在 100~350(以伏显示的表,硅管在 0.5~0.8,锗管在 0.1~0.35);大的值是无穷大,说明二极管是良好,如图 11-10 所示。如果测得正、反向值均为无穷大,说明二极管内部已经断路,如图 11-11 所示;如果测得正反向值都很小或为零,说明二极管内部已经短路,如图 11-12 所示,后两种情况都说明二极管已经损坏,不能继续使用。归纳判断方法见表 11-1。

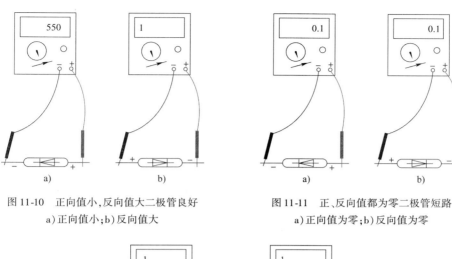

图 11-10 正向值小,反向值大二极管良好
a)正向值小;b)反向值大

图 11-11 正、反向值都为零二极管短路
a)正向值为零;b)反向值为零

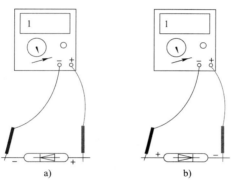

图 11-12 正、反向值都为无穷大二极管断路
a)正向值无穷大;b)反向值无穷大

用数字万用表判断二极管　　　　　　　　　　　表 11-1

正　向　值	反　向　值	二极管好坏
硅管 500~800	无穷大∞(靠左显示1)	良好
锗管 100~350		
≈0	≈0	短路(击穿)损坏
无穷大∞(靠左显示1)	无穷大∞(靠左显示1)	断路损坏

3. 二极管极性的判断

当测得正向值(硅管在 500~800,锗管在 100~350)时,则红表笔所接的一端是二极管的正极,黑表笔所接的一端是二极管的负极,如图 11-13 所示。当测得二极管反向值(无穷大)时,则黑表笔所接的一端是二极管的正极,红表笔所接的一端是二极管的负极,如图 11-14 所示。这是因为数字式万用表的二极管挡中,红表笔与表内电池的正极相连,黑表笔与表内电池的负极相连。

4. 硅二极管和锗二极管的判别

用二极管挡测量正向值来判断,硅管在 500~800,锗管在 100~350(以伏显示的表,硅管在 0.5~0.8,锗管在 0.1~0.35),如图 11-15 和图 11-16 所示。

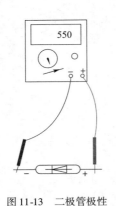 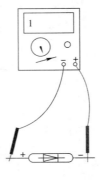 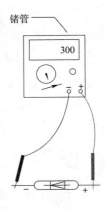

图 11-13　二极管极性判别 a　　图 11-14　二极管极性判别 b　　图 11-15　硅管正向值 500~800　　图 11-16　锗管正向值 100~350

(二) 指针万用表检测

1. 指针万用表的结构

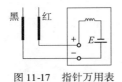

图 11-17　指针万用表电池结构

欧姆挡时,红表笔是(表内电源)负极,黑表笔是(表内电源)正极,如图 11-17 所示。

2. 二极管好坏的判别

通常,用万用表欧姆挡来测试二极管的正、反向电阻,进行二极管好坏的判断。把万用表的量程调到欧姆挡的 R×100 或 R×1k 挡(注意不能用 R×1 挡或 R×10k 挡,R×1 挡电流太大,R×10k 挡电压太高),将两表笔分别正接或反接在被测二极管的两端,即可测得一大一小两个电阻值,其中电阻值小的(几百欧或几千欧)是正向电阻,电阻值大的(几十万欧以上)是反向电阻。如果测得正向电阻在几百欧或几千欧以下,(汽车用整流二极管用 R×1 挡测量时正向电阻为十欧左右),反向电阻在几十万欧以上,说明二极管的单向导电特性良好,如图 11-18 所示;如果测得正、反向电阻均为无穷大,说明二极管内部已经断路,如图 11-19 所示;如果测得正反向电阻都很小或为零,说明二极管内部已经短路,如图 11-20 所示,后两种情况都说明二极管已经损坏,不能继续使用。判断总结见表 11-2。

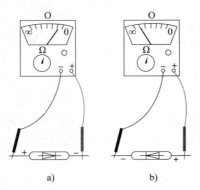 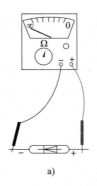 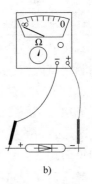

　　　　a)　　　　　　　b)　　　　　　　　　　　　a)　　　　　　　b)

图 11-18　正向电阻小,反向电阻大二极管良好　　　图 11-19　正反向电阻都为无穷大二极管断路
　a)正向电阻小;b)反向电阻大　　　　　　　　　　　a)正向电阻无穷大;b)反向电阻无穷大

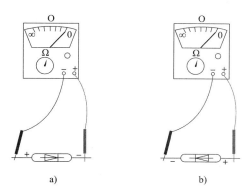

图 11-20　正反向电阻都为零二极短路
a)正向电阻为零；b)反向电阻为零

用指针万用表判断二极管　　　　　　　　表 11-2

正向电阻 $R_正$	反向电阻 $R_反$	二极管好坏
很小	很大	良好
0	0	短路(击穿)损坏
∞	∞	断路损坏
正向电阻 $R_正$ 接近反向电阻 $R_反$		性能不佳

3.二极管极性的判断

用万用表测量二极管的正向或反向电阻时,如果测得电阻值较小(正向电阻),则黑表笔所接的一端是二极管的正极,红表笔所接的一端是二极管的负极,如图 11-21 所示；相反,测得二极管电阻值较大(反向电阻),则红表笔所接的一端是二极管的正极,黑表笔所接的一端是二极管的负极,如图 11-22 所示。这是因为指针式万用表的欧姆挡中,黑表笔与表内电池的正极相连,红表笔与表内电池的负极相连。

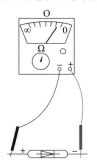
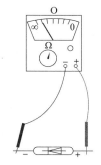

图 11-21　判断二极管的极性 a　　　图 11-22　判断二极管的极性 b

4.硅二极管和锗二极管的判别

一般硅管正向电阻为几千欧,反向电阻为无穷大；锗管正向电阻为几百欧；反向电阻为几百千欧。

测量二极管正向电阻时,硅管表针指示位置在中间或中间偏右一点；锗管表针指示在右端靠近零欧的地方,如图 11-23a)。测量二极管反向电阻时,硅管表针在左端基本不动,指向 ∞ 位置；锗管表针从左端起动一点点,如图 11-23b)。

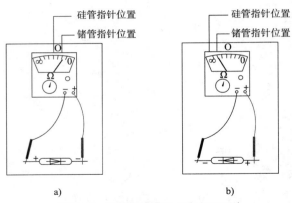

图 11-23 硅管和锗管正、反向电阻区别
a) 硅管和锗管正向电阻区别；b) 硅管和锗管反向电阻区别

思考与练习

一、填空题

1. 导电能力介于导体和绝缘体之间的一类物质称为_____，常用的半导体材料有_____和_____等。
2. 半导体中传导电流的载流子有两种：即_____和_____。
3. P 型半导体主要靠_____来导电。N 型半导体主要靠_____来导电。
4. 如果把 P 型半导体和 N 型半导体通过一定的方法结合起来，那么在两者的交界处就会形成一层特殊区域，称为_____。
5. PN 结正向偏置时_____，反向偏置时_____，这种特性称为 PN 结的单向导电特性。

二、判断题

1. 导体的导电性能比绝缘体的差。（   ）
2. 二极管是由二块 PN 结构成的半导体器件。（   ）
3. 用万用表不可能判断二极管的好坏。（   ）
4. 用万用表不可能判断二极管的正、负极性。（   ）
5. 当测得二极管正向电阻很小，反向电阻很大时，说明二极管已经损坏。（   ）
6. 二极管具有单向导电特性。（   ）
7. 用指针万用表测量小功率二极管（如 2AP 系列）时，不宜用电流较大的 R×1Ω 挡或电压较高的 R×10kΩ 挡，以免损坏二极管。（   ）

三、选择题

1. 下列材料中，属于导体的材料是（   ）。
   A. 铜   B. 橡胶   C. 塑料
2. 下列材料中，属于半导体的材料是（   ）。
   A. 铜   B. 橡胶   C. 硅或锗
3. PN 结的基本性质是（   ）。
   A. 单向导电特性   B. 稳压特性   C. 绝缘特性

4. 下列电路中,灯会亮的电路是( )。

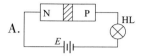 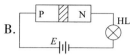 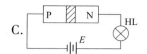

5. 下列符号中哪一个是二极管符号?( )

6. 下列电路中,灯会亮的电路是( )。

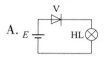 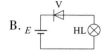

7. 用指针万用表 R×100Ω 挡来测试二极管,其中( )说明管子是好的。
   A. 正向、反向电阻都为零   B. 正向、反向电阻都为无穷大
   C. 正向电阻为几百欧、反向电阻为几百千欧

8. 用指针式万用表的电阻挡测试小功率二极管时,应选用( )。
   A. R×1Ω 挡   B. R×100Ω 挡   C. R×10kΩ 挡

9. 用数字式万用表判别二极管好坏时,应选用( )。
   A. 电压挡   B. 电流挡   C. 二极管挡

10. 在测量二极管反向电阻时,若两手把管脚捏紧,电阻值将会( )。
   A. 变小   B. 不变化   C. 不能确定

四、名词解释

1. 半导体

2. P 型半导体

3. N 型半导体

4. PN 结

5. PN 结的单向导电特性

6. 二极管

五、简答题

1. 什么是 PN 结？PN 结的单向导电性是指什么？

2. 画出二极管的电路符号，并标出正、负极。

3. 有同学在测量二极管反向电阻时，为了让引脚和表笔接触良好，用两手把引脚和表笔捏紧，结果测得二极管反向电阻值较小，他认为二极管不合格，你认为他的判断对吗？为什么？

4. 用数字万用表如何判断二极管的好坏、极性和材料？

项目十二　二极管的伏安特性验证

学习目标

完成本项目学习后，你应能：
1. 能够掌握二极管的特性，画出二极管的符号，能对二极管按基片材料和结构分类；
2. 能够叙述二极管最大整流电流 I_m 和最高反向工作电压 U_{Rm} 两个参数；
3. 对稳压二极管、发光二极管、光电二极管和汽车用硅整流二极管，能够画出它们的电工符号，能够掌握各自的特点；
4. 能够掌握测量二极管正向伏安特性的电路图；
5. 能够掌握测量二极管反向伏安特性的电路图；
6. 能够用描点法绘制二极管伏安特性。

建议学时
4 学时。

二极管具有单向导电性。利用这一特性，在实际应用的电路中，可将二极管当作一个开关元件，分析实验电路如图 12-1 所示。

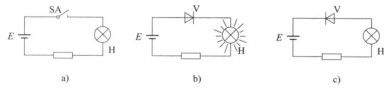

图 12-1　二极管的开关特性实验电路

二极管只能近似认为是一个开关，一个理想开关要求在闭合时，电阻为零，开关两端的电压降也为零；开关在断开时，电阻为无穷大，开关两端的电压为电源电压。而二极管在正向导通时，电阻不为零；有正向压降存在（硅管约为 0.7V，锗管约为 0.3V）；且二极管在反向截止时，反向电阻虽然很大，但并不是无穷大。

一、晶体二极管的特性及分类

（一）二极管的结构和特性

晶体二极管（简称二极管）是由一个 PN 结加上相应的电极引线和管壳做成的，如图 12-2a）所示，从 P 区引出的电极引线为正极（也称阳极），从 N 区引出的电极引线为负极（也称阴极），二极管的电路符号如图 12-2b）所示。

图 12-2　晶体二极管的结构和符号
a) 内部结构；b) 符号

二极管具有单向导电性，即二极管加正向电压时导通，加反向电压时截止的性质称二极管的单向导电特性，如图 12-3 所示。

图 12-3　二极管单向导电性

(二) 二极管的分类

(1) 按基片材料，二极管可分为硅二极管和锗二极管。
①硅二极管：允许工作温度高，150℃以下，稳定性好，用于中大功率二极管；
②锗二极管：允许工作温度低，100℃以下，稳定性较差，用于小中功率。
(2) 按结构，二极管可分为点接触型、面接触型和平面型二极管，如图 12-4 所示。
①点接触型：电流小，频率高，用于收音机检波电路；
②面接触型：电流大，频率低，用于整流电路；
③平面型：往往用于集成电路制造中。PN 结面积可大可小，用于高频整流和开关电路中。

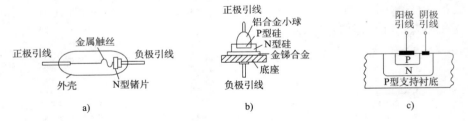

图 12-4　二极管按结构分类
a) 点接触型；b) 面接触型；c) 平面型

二、晶体二极管的伏安特性

所谓晶体二极管的伏安特性是指加到二极管两端的电压 U 与流过二极管的电流 I 的特性曲线 $I = f(U)$，通常用横轴表示电压 U，用纵轴表示电流 I。

(一) 伏安特性曲线通过坐标原点

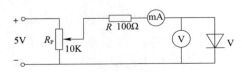

图 12-5　测量二极管正向电压与电流

当二极管两端所加电压 U 为零时，PN 结没有电流流过电路，即当 $U = 0$ 时，$I = 0$。

(二) 正向特性的绘制过程

(1) 按图 12-5 所示接好实验电路。

(2)调整电位器 R_p,使二极管正向电压与表 12-1 电压值相对应,分别记录对应的电流值,见表 12-1。

二极管正向电压与电流测量数据　　　　　表 12-1

正向电压(V)	0	0.2	0.4	0.5	0.6	0.7	0.8	0.9
正向电流(mA)	0	0	0	0.2	5	20	50	∞

(3)根据表 12-1 中所测量二极管的端电压和二极管电流值,用描点法绘制出二极管的正向伏安特性曲线,如图 12-6 所示。

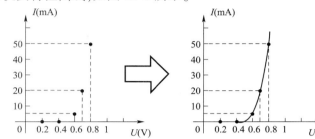

图 12-6　用描点法绘制二极管的正向伏安特性曲线

从图 12-6 中可看出,当二极管两端加上正向电压且当正向电压比较小时(室温条件下,硅管的死区电压应为 0.5V,导通电压 0.7V,锗管的死区电压应为 0.2V,导通电压 0.3V),PN 结正向电阻很大,正向电流接近于零。一般把这一段称为不导通区或死区,随着电压逐渐增大,正向电流随电压近似按平方率增长,电压稍有增加,电流就急剧增加,特性几乎是一条直线。此段称为二极管的导通区。

(三)反向特性的绘制过程

(1)先按图 12-7 接好实验电路。

(2)调整电位器 R_p,使二极管反向电压与表 12-2 电压值相对应,分别记录对应的电流值,见表 12-2(硅二极管如 1N4007 的反向电流为零,锗二极管如 2AP9 的反向电流约为 35μA)。

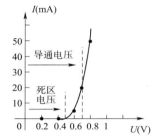

图 12-7　测量二极管反向电压与电流

二极管反向电压与电流测量数据　　　　　表 12-2

反向电压(V)	0	0.2	10	20	30	40
反向电流(μA)						

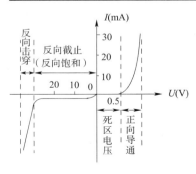

图 12-8　硅二极管的伏安特性曲线

(3)根据表 12-2 中所测量二极管的反向电压和二极管反向电流值,用描点法绘制出二极管的反向伏安特性曲线,如图 12-8 坐标系第三象限中曲线。

从图 12-8 中第三象限可看出,当二极管两端加反向电压时,在反向电压作用下,电路中形成很小的反向电流。从零增大到 0.1V 一段,反向电流随反向电压增加而增大;随后反向电流便不随反向电压的增加而增大,而是保持一定的数值,这时的反向电流叫作反向饱和电流 I_S。反向电流有两个特点,一是随温度的升高增长很快,二是在一定温度下,外加反向电压在一定范围内变化时,反向饱和电流I_S保持不变。

当二极管外加反向电压超过一定数值后,反向电流突然猛增,此时称二极管反向击穿,这时所对应的电压称为反向击穿电压。二极管击穿后,管子会因过热而损坏。

如果在伏安特性曲线上计算二极管直流电阻,曲线上的某一点所对应的电压与电流之比,即$R=\dfrac{U}{I}$。曲线上每一点的直流电阻都不相等,即二极管的直流电阻随加在它两端电压不同而不同,因此二极管是非线性元件。

三、二极管的参数

二极管的参数是选择二极管的主要依据,在选择整流二极管时,最主要考虑的两个参数是最大整流电流I_m和最高反向工作电压U_{Rm}。

(一) 最大整流电流 I_m

二极管长期工作时,允许通过的最大正向平均电流叫作最大整流电流。选用二极管时,工作电流不能超过它的最大整流电流,以免烧坏。

(二) 最高反向工作电压 U_{Rm}

二极管长期工作时,允许加到二极管两端的最高反向电压(峰值)叫作最高反向工作电压。通常取反向击穿电压值的1/2或1/3。使用和选择二极管时,加在二极管上反向电压的峰值不允许超过这一数值,以保证二极管在使用中不致因反向电压过高而损坏。

一般选管根据二极管的工作电流I_V和二极管工作时所承受的最大反向电压U_{VM}进行选择,即二极管的最大整流电流$I_m \geq I_V$,二极管的反向工作峰电压$U_{Rm} \geq 2U_{VM}$。

四、常见二极管

(一) 稳压二极管

稳压二极管也是由一个PN结构成,电路符号及外形如图12-9所示,不同的是制造工艺上有所差别,工作时在反向击穿状态(普通二极管在反向击穿区会损坏),接到电路中时,应该反接,即稳压二极管的正极应接被稳压电路的负极,稳压二极管的负极应接被稳压电路的正极,稳压管就是利用它的反向击穿电流在很大范围内变化时,反向击穿电压基本不变的特性,达到稳压的目的。常用稳压管的型号及稳压值,见表12-3。

图12-9 稳压二极管符号及外形

常用稳压管的型号及稳压值　　　　表12-3

型号	IN4728	IN4729	IN4730	IN4731	IN4732	IN4733	IN4736	IN4737	IN4738
稳压值(V)	3.3	3.6	3.9	4.3	4.7	5.1	6.8	7.5	8.2

(二) 发光二极管

发光二极管通以正向电流时会发出光来,具有电光转换的性能,可见光有红、黄、绿、蓝、紫等。发光二极管广泛用于各种电子设备中作为工作状态指示灯,电路符号及外形如图12-10所示。

图12-10 发光二极管外形及符号

(三)光电二极管

光电二极管的反向电流随光照强度的增加而上升,光电二极管外形如图12-11所示,光电二极管符号如图12-12所示。光电二极管的主要特点是:二极管工作在反向状态时,反向电流与照度成正比。

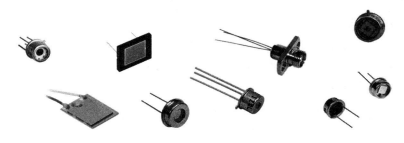

图12-11　光电二极管外形

(四)汽车用整流二极管

汽车硅整流发电机用二极管与其他二极管工作原理基本相同,但外形结构与一般二极管有所不同。汽车用整流二极管外形图如图12-13所示。

汽车发电机用硅整流二极管,其中一极为一个引出极,另一极为外壳,分正极二极管和负极二极管两种。正极二极管的引出端为正极,外壳为负极;负极二极管的引出端为负极,外壳为正极。为了便于识别,通常在正极二极管上涂有红点,负极二极管上涂有黑点,如图12-14所示。

图12-12　光电二极管符号　　图12-13　是汽车用整流二极管外形图　　图12-14　汽车用整流二极管标记

思考与练习

一、填空题

1. 当硅材料的 PN 结正向偏压小于_____V,锗材料的 PN 结正向偏压小于 0.2V 时,PN 结仍不导通,我们把这个区域称为_____区。

2. 按基片材料,二极管可分为_____二极管和_____二极管;按结构,二极管可分为点接触型_____接触型和_____型三类。

3. 硅二极管的死区电压和正向压降比锗管的_____(大或小),而反向饱和电流比锗管的_____(大或小)得多。

4. 当二极管外加反向电压超过一定数值后,反向电流突然猛增,此时称二极管

_____,所对应的电压称为_____电压。

5.汽车用整流二极管可分为_____二极管和_____二极管,其中_____二极管引出端为正极,外壳为负极,_____二极管的引出端为负极,外壳为正极,为了便于识别,通常在正极二极管上涂有_____点,负极二极管上涂有_____点。

二、判断题

1.硅二极管允许工作温度比锗二极管的高。（　　）
2.硅二极管正向压降比锗二极管的正向压降高。（　　）
3.点接触型二极管工作电流比面接触型二极管的大。（　　）
4.二极管具有单向导电特性。（　　）
5.硅二极管的死区电压比锗二极管的高。（　　）
6.稳压二极管不是由 PN 结构成的。（　　）
7.稳压二极管是工作在反向击穿状态。（　　）
8.为了便于识别汽车用整流二极管类型,通常在负极二极管上涂有红点,正极二极管上涂有黑点。（　　）

三、选择题

1.下列符号中哪一个是二极管符号？（　　）
　　A. ⊗HL　　　　B. ▷|V　　　　C. ▭FU

2.下列电路中,灯会亮的电路是（　　）。
　　A.　　　　B. 　　　　C.

3.晶体管收音机中检波二极管应选用（　　）。
　　A.点接触型　　　B.面接触型　　　C.平面型

4.整流电路的整流二极管应选用（　　）。
　　A.点接触型　　　B.面接触型　　　C.平面型

5.当加在硅二极管两端的正向电压从0开始逐渐增加时,硅二极管（　　）。
　　A.立即导通　　　B.不导通　　　C.超过死区电压时才开始导通

6.下列符号中哪一个是发光二极管符号？（　　）
　　A.　　　　　　B.　　　　　　C. 前极　后极

7.硅二极管的死区电压为（　　）V。
　　A.10　　　　　B.20　　　　　C.0.5

8.硅二极管的导通电压为（　　）V。
　　A.15　　　　　B.30　　　　　C.0.7

9.锗二极管的死区电压为（　　）V。
　　A.10　　　　　B.20　　　　　C.0.2

10.锗二极管的导通电压为（　　）V。
　　A.15　　　　　B.30　　　　　C.0.3

11. 在稳压电路中,稳压二极管应(　　)。
   A. 正接　　　　　B. 反接　　　　　C. 正接反接均可
12. 汽车用整流正向二极管上涂有(　　)。
   A. 红点　　　　　B. 白点　　　　　C. 黄点
13. 汽车用整流负极二极管上涂有(　　)。
   A. 黑点　　　　　B. 白点　　　　　C. 黄点

四、简答题

1. 硅二极管和锗二极管的主要区别是什么?

2. 简述二极管伏安特性定义。

3. 画出测量二极管正向特性的电路图。

4. 画出硅二极管的伏安特性图,并标出死区电压、正向导通区、反向截止区、反向击穿区。

5. 二极管反向饱和电流有哪两个特点?

项目十三 三极管认知与检测

学习目标

完成本项目学习后,你应能:
1. 能够描述三极管的结构和分类,能画出符号、标出管脚;
2. 能够说明三极管 3DG130C 和 3AX52B 名称中各部分的意义;
3. 能够用目测法判断常见三极管的管脚;
4. 能够说出用数字万用表判别三极管管型和极性的方法及步骤。

建议学时
4 学时。

三极管是电子电路的基本元件,必须很好地理解三极管的结构、符号及类型,还要能准确判断三极管的管脚、类型及好坏。

一、三极管的结构、符号及分类

(一) 三极管的结构、图形符号

三极管的结构和图形符号如图 13-1 所示。三极管是由两个 PN 结构成的一种半导体器件。根据 PN 结的组合方式不同,三极管可分为 PNP 型和 NPN 型两种类型。由图 13-1 可见,三极管有两个结、三个区和三个引出电极。中间为基区,两边分别为发射区和集电区。从这三个区引出相应的电极,称为基极、发射极和集电极,简称 b 极、e 极和 c 极。在三个区的交界处形成了两个 PN 结,发射区与基区分界处的 PN 结叫作发射结,集电区与基区分界处 PN 结叫作集电结。

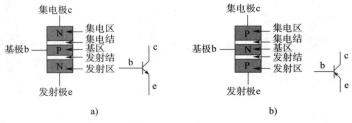

图 13-1 三极管的结构和符号
a) NPN 型;b) PNP 型

图形符号中的箭头表示发射结在正向电压下的电流方向,对于 PNP 型三极管发射箭头向里,NPN 型三极管的发射极箭头则向外。

从图 13-1 可见,三极管是两个反向串联的 PN 结。但三极管在结构上有两个特点,故不

能用两只二极管来代替三极管,这两个特点为:

(1)发射区的掺杂浓度要远远大于基区的掺杂浓度。

(2)基区必须很薄,它的厚度要比基区中少数载流子的扩散长度小得多,一般只有几微米。

(二)三极管的分类

按制作三极管的基片材料,三极管可分为硅三极管和锗三极管两大类。硅管受温度影响小,工作相对稳定,故在自动控制设备中常用硅管。

按三极管内部结构,三极管可分为 PNP 型和 NPN 型两类。目前我国制造的硅管多为 NPN 型,锗管多为 PNP 型。

按三极管工作频率,三极管可分为低频管和高频管两种。低频三极管,主要用于工作频率比较低的地方。高频三极管,主要用于工作频率比较高的地方。

按三极管的功率,三极管分为小功率三极管、中功率三极管和大功率三极管三种。小功率三极管,它的输出功率较小。中功率三极管,它的输出功率较大。大功率三极管,它的输出功率可以很大,主要用于大功率输出场合。

按三极管的用途,三极管分为放大管和开关管。就使用而言,主要有普通三极管和光敏三极管等。

(三)三极管的外形和封装

如图 13-2 所示,为几种常见国产三极管的外形和封装。

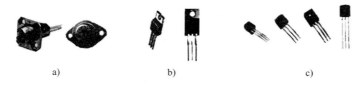

图 13-2 三极管的外形和封装
a)大功率低频三极管;b)中功率低频三极管;c)小功率高频三极管

二、三极管的命名

我国半导体器件型号命名由四部分组成,见表 13-1。

三极管的命名　　　　　表 13-1

第一部分		第二部分		第三部分		第四部分	第五部分
用数字表示电极数目		用汉语拼音字母表示半导体器件的材料和极性		用汉语拼音字母表示半导体器件的类型		用数字表示序号	用汉语拼音字母表示规格号
符号	意义	符号	意义	符号	意义		
3	三极管	A B C D E	PNP 型锗材料 NPN 型锗材料 PNP 型硅材料 NPN 型硅材料 化合物	X G D A T U K GS	低频小功率管 高频小功率管 低频大功率管 高频大功率管 晶闸管 光电管 开关管 场效应管	如 130	如 B

第一部分：用数字表示半导体器件型号有效电极数目。如 2-二极管、3-三极管。

第二部分：用汉语拼音字母表示半导体器件的材料和极性。表示二极管时，如 A-N 型锗材料、B-P 型锗材料、C-N 型硅材料、D-P 型硅材料。表示三极管时，如 A-PNP 型锗材料、B-NPN 型锗材料、C-PNP 型硅材料、D-NPN 型硅材料。

第三部分：用汉语拼音字母表示半导体器件的类型。

第四部分：用数字表示序号。

【例 13-1】 说明三极管 3DG130C 和 3AX52B 中各部分的意义，如图 13-3 和图 13-4 所示。

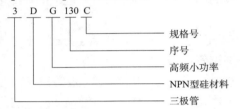

图 13-3　3DG130C 是 NPN 硅高频小功率三极管的 C 挡

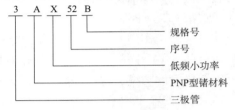

图 13-4　3AX52B 是 PNP 型锗低频小功率三极管的 B 挡

三、三极管的测量及好坏判断

三极管类型和引脚可根据外壳上的标记判别，也可根据三极管的型号从手册中查到。但如果三极管标记不清或找不到手册时，则判别方法主要有目测法和万用表检测法，实际工作中优先采用目测法，在目测不能做出准确判断时，再使用万用表进行检测。

(一) 目测法

1. 管型的判别

根据三极管型号的命名方法确定，国内常见的三极管还有一些是以数字命名的，如 9011～9018，其中 9011、9013、9014、9016～9018 为 NPN 型硅管，9012、9015 为 PNP 型硅管。

2. 引脚的判别

(1) 小功率管。小功率管如图 13-5a) 所示。金属圆壳封装，引脚向上，它们组成半圆位于上部，按逆时针方向依次为 EBC。塑料半圆柱封装，头在上，平面向自己，左起依次为 EBC。

(2) 大功率管。大功率管如图 13-5b) 所示，电极靠近孔，左起依次为 ECB，其中 C 为金属外壳。

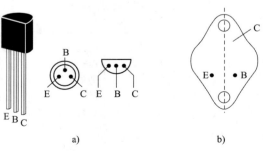

图 13-5　三极管的外形与极性
a) 小功率管；b) 大功率金属封装管

(二)数字万用表测三极管极性、类型和好坏

1. 用数字万用表的二极管挡位判断三极管的基极和类型

判断时,可将三极管看成是两个背靠背的 PN 结,按照判断二极管的方法,可以判断出其中一极为公共正极或公共负极,此极即为基极 b。对 NPN 型管,基极是公共正极,如图 13-6 所示。对 PNP 型管则是公共负极,如图 13-7 所示。因此,判断出基极是公共正极还是公共负极,即可知道被测三极管是 NPN 或 PNP 型三极管。

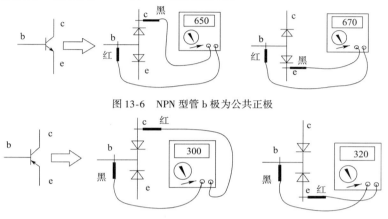

图 13-6 NPN 型管 b 极为公共正极

图 13-7 PNP 型管 b 极为公共负极

具体判断过程如下:

三极管的三只引脚分别为 1、2、3,万用表调到二极管挡。先假设三极管的一只引脚为 b 极(在此假设 1 为 b 极),用万用表的任一表笔接假设的 b 极(1 脚),另一表笔分别接其余两个电极(2 脚和 3 脚)如图 13-8 所示。若测得两个值都不在万用表显示范围(或都导通,都在 100~900),再将两表笔对调测量,如图 13-9 所示。若都导通,都在 100~900(或都不在万用表显示范围),则上述假设的 b 极是正确的,若测得的值一个在 100~900,另一个不在万用表显示范围(显示 1),则假设的 b 极不成立。可假设另一引脚为基极再测试,直到符合上面的结果为止。基极确定后,用万用表的红表笔接基极,黑表笔分别和另外两个电极相接,若都导通,即都为 100~900,则为 NPN 型管。反之,则为 PNP 型管。

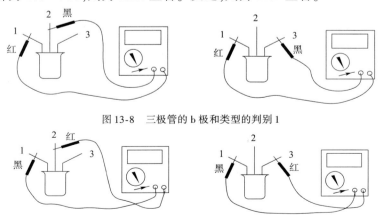

图 13-8 三极管的 b 极和类型的判别 1

图 13-9 三极管的 b 极和类型的判别 2

2. 发射极 e 和集电极 c 的判断

(1) 方法一:利用万用表测量 β(hFE) 值的挡位,判断发射极 e 和集电极 c。将挡位旋至 hFE 位置,基极插入所对应类型的 b 极孔中,把其余两引脚分别插入 c、e 孔观察数据,再将 c、e 孔中的引脚对调再看数据,数值大时引脚位置正确,如图 13-10 所示,b 图的引脚位置正确。

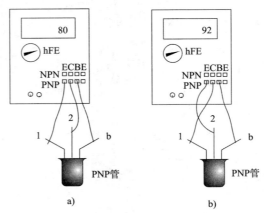

图 13-10 三极管的发射极 e 和集电极 c 的判断

(2) 方法二:利用万用表二极管挡,分别测量三极管两个 PN 结的正向电压值。一般三极管的两个 PN 结中,发射结的正向电压稍大于集电结的正向电压。利用这个特点,可判断三极管的发射极 e 和集电极 c。

具体判断过程:万用表调到二极管挡,对于 NPN 管,令红表笔接其 b 极,黑表笔分别接另两个脚上,两次测得的极间电压中,电压微高的那一极为 e 极,电压低一些的那极为 c 极,如图 13-11 所示。如果是 PNP 管,则令黑表笔接 b 极,红表笔分别接另两个脚上,判断方法和 NPN 管一样。

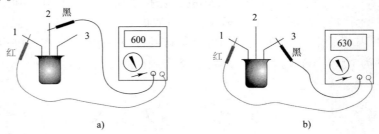

图 13-11 V_{13} 略大于 V_{12},3 脚是 e 极,2 脚是 c 极

a) V_{12};b) V_{13}

3. 判别三极管的好坏

测试时用万用表的二极管的挡位分别测试三极管发射结、集电结的正、反偏是否正常,测试结果不正常时,三极管已损坏。如果在测量中找不到公共 b 极,该三极管也已损坏。在实际应用中,小功率三极管多直接焊接在印刷电路板上。元件的安装密度大,拆卸比较麻烦,所以在检测时常常通过用万用表直流电压挡,去测量被测三极管各引脚的电压值,来推断其工作是否正常,进而判断其好坏。

4. 测量放大系数 β

万用表调到 hFE 挡位,并使两表笔分开,根据被测三极管的类型把三个电极对应插入测试插孔,即可读出管子的放大倍数,如图 13-12 所示。

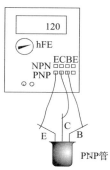

图 13-12 测量三极管放大系数 β

5. NPN 型管测量总结

如图 13-13 所示,V_{12} 和 V_{13} 都导通,都在 100~900;交换表笔再测,V_{21} 和 V_{31} 都不导通,都不在万用表显示范围(显示1),则:

(1) 1 脚是 b 极,此管是 NPN 型管。
(2) 若 V_{13} 略大于 V_{12},则 3 脚是 e 极,2 脚是 c 极;否则反之。
(3) 三极管未损坏。

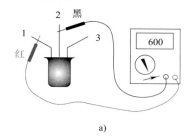 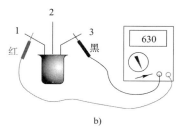

图 13-13　NPN 型管测量
a) V_{12}; b) V_{13}

6. PNP 型管测量总结

如图 13-14 所示,V_{21} 和 V_{31} 都导通,都在 100~900。交换表笔再测,V_{12} 和 V_{13} 都不导通,都不在万用表显示范围(显示1),则:

(1) 1 脚是 b 极,此管是 PNP 型管。
(2) 若 V_{21} 略大于 V_{31},则 2 脚是 e 极,3 脚是 c 极;否则反之。
(3) 三极管未损坏。

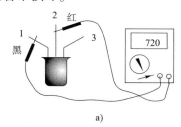 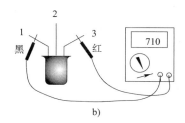

图 13-14　PNP 型管测量
a) V_{21}; b) V_{31}

(三)指针万用表测三极管极性、类型和好坏

注意: 指针万用表红表笔所连接的是表内电池的负极,黑表笔则连接着表内电池的正极。

1. 确定基极和类型

无论是 NPN 型还是 PNP 型三极管,它们都包含有两个 PN 结。因此,可以根据 PN 结的正向电阻小,反向电阻大的特点,用万用表的欧姆挡($R \times 100$ 或 $R \times 1000$)来判别。

测试时任意假设一个极是基极,用万用表任一表笔与假设的基极相接,另一表笔分别与其余两个电极依次相接,如图 13-15 所示。若测得电阻都很大(或很小),再将两表笔对调测量,若电阻都很小(或很大),则上述假设的基极是正确的。如果测得的电阻是一大一小,则假设的基极不对,可假设另一管脚为基极再测试,直到符合上面的结果为止。

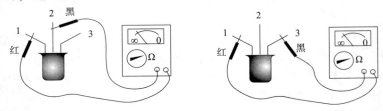

图 13-15　确定三极管的基极和类型

基极确定后,用万用表的黑表笔接基极,红表笔分别和另外两个电极相接,若测得电阻都很小,则为 NPN 型管;反之,则为 PNP 型管。

2. 集电极和发射极的判别

(1) 方法一:

对于有测三极管 hFE 插孔的指针表,测出基极和类型后,将挡位旋至 hFE 基极插入所对应类型的孔中,把其于引脚分别插入 c、e 孔,测一下 hFE 值,再将 c、e 孔中的引脚对调,再测一遍 hFE 值,测得 hFE 值比较大的一次,各引脚插入的位置是正确的。

(2) 方法二:

利用三极管的发射结正向电阻略大于集电结正向电阻的特点,通过测量比较,可判定 e、c 两极。

具体测量过程:(以 PNP 为例)将万用表置于 R×100 或 R×1k 挡,红表笔基极 b,用黑表笔分别接触另外两个引脚时,所测得的两个电阻值会是一个大,一个小。在阻值小的一次测量中,黑表笔所接引脚为集电极。在阻值较大的一次测量中,黑表笔所接引脚为发射极。

(3) 方法三:

① 对于 NPN 型管:基极确定后,在剩下的电极中假设一个极是集电极,用万用表黑表笔与假设的集电极相连,同时在黑表笔和 c 极之间接一个 100k 电阻或者用手捏住黑表笔与基极(但不能将黑表笔与基极接触),用万用表红表笔与另一电极相接,如图 13-16a) 所示,观察电阻值;之后再假设另一个极是集电极,按上述方法重测一次,如图 13-16b) 所示,最后比较两次测得的电阻值,电阻值较小(指针偏转大)的那一次假设的集电极正确。在图 13-16 中,第一次假设正确,此时黑表笔所接的管脚是集电极,红表笔接的是发射极。

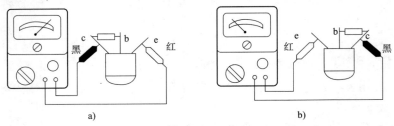

图 13-16　判别 NPN 型管的集电极和发射极
a) 第一次假设 c 极；b) 第二次假设 c 极

②对于 PNP 型管:仍以电阻小的一次为准,此时红表笔接的是集电极,黑表笔接的是发射极。

3. 好坏的粗略判别

根据三极管内 PN 结的单向导电特性,可用万用表欧姆挡(R×100 或 R×1k)分别测量 b、e 极间和 b、c 极间 PN 结的正反向电阻。如果测得正反向电阻相差较大,说明三极管的两个 PN 结基本上没有问题;如果测得正反向电阻都很大,说明三极管的内部已经断路;如果测得正反向电阻都很小或为零,说明三极管极间短路或击穿。然后再用万用表欧姆挡(R×1k)测 c、e 极间的正反向电阻。如果测得正反向电阻都很大,说明三极管 c、e 间未漏电;如果测得正反向电阻都很小或为零,说明三极管极间短路或击穿。

4. 测量放大能力 β

目前,有些型号的万用表具有测量三极管 hFE 的刻度线及其测试插座,可以很方便地测量三极管的放大倍数。先将万用表功能开关拨至 hFE 挡的 ADJ 位置,把红、黑表笔短接,调整调零旋钮,使万用表指针指示为零,然后将量程开关拨到 hFE 位置,并使两短接的表笔分开,把被测三极管插入测试插座,即可从 hFE 刻度线上读出管子的放大倍数。

思考与练习

一、填空题

1. 三极管是由_____个 PN 结构成的一种半导体器件。根据 PN 结组合方式不同,三极管可分为_____型和_____型两种类型。

2. 三极管的内部均包含三个区,分别称为_____区、_____区和_____区。

3. 三极管有三个电极(管脚):分别是_____极、_____极和_____极。

4. 三极管有三个电极(管脚):集电极用字母_____表示,基极用字母_____表示,发射极用字母_____表示。

5. 三极管由两个 PN 结构成,分别称为_____结和_____结。

6. 按制作三极管的基片材料分类,三极管可分为_____管和_____管,而按结构分类,硅管和锗管又都有_____型和_____型。

7. 三极管从集电区引出的电极称_____极,从发射区引出的电极称_____极,从基区引出的电极称_____极。

8. 三极管图形符号中的箭头表示发射结在正向电压下的_____方向,对于_____型三极管发射箭头向里,_____型三极管的发射极箭头则向外。

9. 国内常见的三极管还有一些是以数字命名的,如 9011~9018,其中 9011、9013、9014、9016~9018 为_____(NPN 型或 PNP 型)硅管,9012、9015 为_____(NPN 型或 PNP 型)硅管。

10. 用数字万用表的二极管挡位判断三极管的极性和类型时,可将三极管看成是两个背靠背的_____,按照判断_____的方法,可以判断出其中一极为公共正极或_____极,此极即为_____极。对_____型管,基极是公共正极,对_____型管则是公共负极,因此,判断出基极是公共正极还是公共负极,即可知道被测三极管是_____型或_____型三极管。

11. 利用万用表二极管挡,分别测量三极管两个_____的正向电压值,一般三极管的两个_____中,发射结的正向电压稍大于_____的正向电压,利用这个特点,可判断三极管的_____极和_____极。

二、判断题

1. 三极管是由三个 PN 结构成的一种半导体器件。（   ）
2. 发射区的掺杂浓度要远远大于基区的掺杂浓度。（   ）
3. 基区必须很薄，它的厚度要比基区中少数载流子的扩散长度小得多，一般只有几微米。（   ）
4. 三极管由两个 PN 结组成，所以可以用两只二极管构成三极管。（   ）
5. 用数字万用表的二极管挡是测量二极管的，不能用来测量三极管。（   ）
6. 数字万用表调到二极管挡，黑表笔接三极管的基极，红表笔分别和另两个电极相接，如果测得的 PN 结都导通(100~900)，则该三极管为 NPN 型管。（   ）
7. 用万用表不可能判断三极管的基极和类型。（   ）
8. 用万用表不可能判断三极管的好坏。（   ）
9. 在判断出三极管的基极和类型后，用万用表的 hFE 挡，可以判断出三极管的集电极和发射极。（   ）

三、选择题

1. 对于 NPN 型三极管，集电区是（   ）。
   A. N 型半导体　　　　B. P 型半导体　　　　C. 混合型半导体
2. 对于 NPN 型三极管，发射区是（   ）。
   A. N 型半导体　　　　B. P 型半导体　　　　C. 混合型半导体
3. 对于 NPN 型三极管，基区是（   ）。
   A. N 型半导体　　　　B. P 型半导体　　　　C. 混合型半导体
4. 对于 PNP 型三极管，集电区是（   ）。
   A. N 型半导体　　　　B. P 型半导体　　　　C. 混合型半导体
5. 对于 PNP 型三极管，发射区是（   ）。
   A. N 型半导体　　　　B. P 型半导体　　　　C. 混合型半导体
6. 对于 PNP 型三极管，基区是（   ）。
   A. N 型半导体　　　　B. P 型半导体　　　　C. 混合型半导体
7. 下面电工符号中，属于三极管符号的是（   ）。

   A.　　　　　　　　B.　　　　　　　　C.

四、根据要求作图

1. 标出图 13-17 中三极管各部分名称，引脚名称和类型。

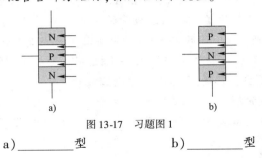

图 13-17　习题图 1

a) _____ 型　　　　　　b) _____ 型

2. 请标出图 13-18 中三极管的类型和 b、c、e 极。

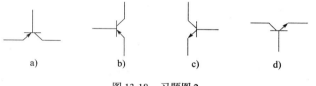

图 13-18　习题图 2

　　a)＿＿＿＿＿型　　b)＿＿＿＿＿型　　c)＿＿＿＿＿型　　d)＿＿＿＿＿型

3. 根据图 13-19 中外形和封装,指出三极管是大功率、中功率或小功率,并指出是高频管还是低频管。

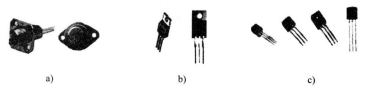

图 13-19　习题图 3

　　a)＿＿＿＿＿三极管　　b)＿＿＿＿＿三极管　　c)＿＿＿＿＿三极管

4. 说明三极管 3DG130C 和 3AX52B 中各部分的意义。

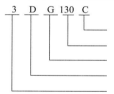　　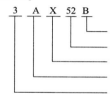

5. 图 13-20 为金属圆壳封装三极管,在图中标出引脚名称。

图 13-20　习题图 4

6. 图 13-21 为塑料半圆柱封装三极管,在图中标出引脚名称。

图 13-21　习题图 5

7. 图 13-22 为大功率金属封装三极管,在图中标出引脚名称。

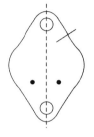

图 13-22　习题图 6

五、简答题

1. 如何用数字万用表的二极管挡位判断三极管的基极和类型?

2. 如何用数字万用表判断三极管的发射极 e 和集电极 c?

3. 如何判别三极管的好坏?

项目十四　三极管的放大特性认知

学习目标

完成本项目学习后，你应能：
1. 能够叙述三极管处于放大状态的外部条件，能根据处于放大状态的三极管管脚电位，判断三极管的电极、管型及所用材料；
2. 能够在放大电路图中，找出输入和输出回路路径，能够运用三极管电流分配公式 $I_e = I_b + I_c$ 进行计算；
3. 能够解释三极管电流放大的实质；
4. 能够运用公式 $I_c = \beta I_b$，$I_e = (1+\beta)I_b$ 进行计算。

建议学时
4 学时。

一、三极管处于放大状态的条件

放大电路的主要任务是把微弱的电信号加以放大，送到负载，以完成特定的功能。三极管的电流放大作用是三极管最基本和最重要的特性。以 NPN 型三极管为例说明三极管的放大条件。

（一）内部条件

三极管放大的内部条件，就是三极管的结构特点，如图 14-1 所示。

（1）发射区的掺杂浓度要远远大于基区的掺杂浓度。

（2）基区必须很薄，它的厚度要比基区中少数载流子的扩散长度小得多，一般只有几微米。

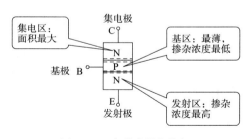

图 14-1　三极管的结构特点

（3）集电区面积最大。

三极管的电流分配如图 14-2 所示，三极管实际上是一个电流分配器，它将发射极电流中的一小部分分配给基极，而大部分分配给集电极。这种电流分配关系是由三极管的内部结构决定的。三极管就像是一个通过基极电流来控制的电阻，基极电流控制了三极管的集电极电流，这种控制需要外界提供电能。

（二）外部条件

为了实现它的放大作用，还必须具备一定的外部条件，这就是要给三极管的发射结正偏

（$U_P > U_N$），给集电结反偏（$U_P < U_N$）。对于 NPN 型三极管，$U_C > U_B > U_E$，如图 14-3 所示是 NPN 型管的实际电路接法。对于 PNP 型三极管 $U_C < U_B < U_E$。

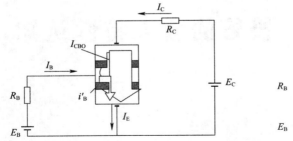
图 14-2　三极管中的电流分配

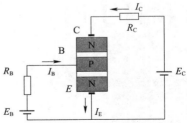
图 14-3　三极管放大电路的电源接法

【例 14-1】 用万用表测得放大电路中某三极管电极 1,2,3 的电位分别为 $U_1 = 2V$，$U_2 = 6V$，$U_3 = 2.7V$，判断三极管的电极、管型及所用材料。

分析：从三极管放大的条件来看，发射结正偏，集电结反偏，即：

NPN 型管 $U_C > U_B > U_E$；

PNP 型管 $U_C < U_B < U_E$；

不管是 NPN 型管还是 PNP 型管，电位大小居中的是 U_B；

又因为发射结正偏导通，导通电压硅管 0.7V，锗管 0.3V，所以与 U_B 相差 0.3V 或 0.7V 的是 U_E。剩下的是 U_C，并且可判断 0.7V 是硅管，0.3V 是锗管；

电流总是从高流向低，从 P 流向 N，在 U_B 和 U_E 中，电位高端是 P 区，低端是 N 区，即 $U_B > U_E$ 的是 NPN 型，$U_B < U_E$ 的是 PNP 型。

根据上述分析，可判断：

大小居中的 $U_3 = 2.7V$ 是 B 极；与 $U_B = 2.7V$ 相差 0.7V 的 $U_1 = 2V$ 是 E 极；

剩下的 $U_2 = 6V$ 是 C 极；U_B 与 U_E 相差 0.7V，是硅管；$U_B > U_E$，是 NPN 型。

二、三极管的电流分配和放大作用

三极管具有电流放大作用，即当基极有一个较小的电流变化时，集电极就产生一个较大的电流变化。为了更深刻的理解三极管的电流放大作用，将三极管组成电路进行分析，如图 14-4 所示。

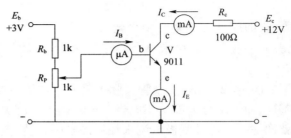
图 14-4　测试三极管特性的实验电路

该实验电路有两个回路。输入回路路径：由 E_b 正极→R_b→R_P→三极管基极 b→三极管发射极 e→E_b 负极。输出回路路径：由 E_c 正极→R_c→三极管集电极 C→三极管发射极 e→E_c

负极。这两个回路是以发射极为公共端,所以把这个电路叫作共发射极电路,简称共射电路。

图 14-4 中电源 E_b 使发射结正向偏置,E_C 使集电结反向偏置,这是实验电路工作情况的外部条件,这时三极管的三个电极就有电流通过。这三个电流分别称为基极电流 I_B、集电极电流 I_C 和发射极电流 I_E,电流的方向如图 14-4 箭头所示。调节电位器 R_P 可改变基极电流 I_B 的大小。

调节电位器 R_P,使 I_B 的读数分别为 0、10μA、20μA、30μA、40μA、50μA,观察集电极 I_C 和发射极 I_E 的变化,读出对应的电流值,并填入表 14-1 中。

三极管各极电流数据 表 14-1

I_B(μA)	0	10	20	30	40	50
I_B(mA)	0	0.01	0.02	0.03	0.04	0.05
I_C(mA)	0.01	0.56	1.14	1.74	2.34	2.91
I_E(mA)	0.01	0.57	1.16	1.77	2.38	2.96

对实验数据进行分析,不难得出以下几点结论:

(1)三极管各极电流的分配关系为:发射极电流等于集电极电流与基极电流之和,即

$$I_E = I_C + I_B \tag{14-1}$$

且 $I_C \gg I_B$,如忽略 I_B,则 $I_E \approx I_C$

这说明只要基极流过很小的电流 I_B,集电极就会流过比 I_B 大得多的电流 I_C。

(2)I_B 增大时,I_C 成正比例地相应增大。集电极电流 I_C 与基极电流 I_B 的比值称为三极管的直流电流放大系数,以 $\bar{\beta}$ 表示。

$$\bar{\beta} = \frac{I_C}{I_B} \tag{14-2}$$

例如:在表 14-1 中,当 $I_B = 0.03$mA 时,$I_C = 1.74$mA,则

$$\bar{\beta} = \frac{I_C}{I_B} = \frac{1.74}{0.03} = 58 \tag{14-3}$$

对于表 14-1 中,I_B 为各值时的 $\bar{\beta}$ 值计算结果见表 14-2。

根据 I_B 和 I_C 数据计算 $\bar{\beta}$ 表 14-2

I_B(mA)	0	0.01	0.02	0.03	0.04	0.05
I_C(mA)	0.01	0.56	1.14	1.74	2.34	2.91
计算 $\bar{\beta} = \frac{I_C}{I_B}$	无放大作用	56	57	58	58	58

(3)当基极电流发生微小变化时,集电极电流将发生较大的变化。集电极电流的变化量 ΔI_C 与基极电流的变化量 ΔI_B 的比值,称为三极管的交流电流放大系数,用 β 表示。

$$\beta = \frac{\Delta I_C}{\Delta I_B} \tag{14-4}$$

例如:在表 14-1 中,当 I_B 从 0.03mA 增至 0.04mA 时,I_B 的变化量是 $\Delta I_B = 0.04 - 0.03 = 0.01$mA,$I_C$ 的变化量是 $\Delta I_C = 2.34 - 1.74 = 0.6$mA,则

$$\beta = \frac{\Delta I_C}{\Delta I_B} = \frac{2.34 - 1.74}{0.04 - 0.03} = 60 \tag{14-5}$$

对于表 14-1 中，I_B 为各值时的 β 值计算结果见表 14-3。

根据 I_B 和 I_C 数据计算 β　　　表 14-3

I_B(mA)	0	0.01	0.02	0.03	0.04	0.05
I_C(mA)	0.01	0.56	1.14	1.74	2.34	2.91
ΔI_B(mA)		0.01	0.01	0.01	0.01	0.01
ΔI_C(mA)		0.55	0.58	0.6	0.6	0.57
计算 $\beta = \frac{\Delta I_C}{\Delta I_B}$		55	58	60	60	57

因 $\bar{\beta}$ 与 β 数值很接近，且 $\bar{\beta}$ 便于测量，故一般不做区别，统称为三极管的电流放大系数，用 β 表示。以上结果表明三极管基极电流 I_B 的微小变化，将会引起集电极电流 I_C 的较大变化，且比值基本恒定。这种小电流对大电流的控制作用，就是三极管的电流放大作用。

三极管的电流放大作用是三极管最基本和最重要的特性。但三极管电流放大的实质是以微小的电流控制较大电流，并不是真正把微小的电流放大了。所以三极管是一种以小控大，以弱控强的器件。

要使三极管具有电流放大作用，要满足一定的外部条件：使其基极电位高于发射极电位而低于集电极电位，即发射结正向偏置，集电结反向偏置。

三、三极管的主要参数

三极管的参数是用来表示三极管的各种性能指标和应用范围，是评价三极管优劣和选用三极管的依据。在此介绍三极管的电流放大系数。

（一）交流电流放大系数 β

当 U_{ce} 为规定值时，集电极电流的变化量 ΔI_C 与基极电流的相应变化量 ΔI_B 的比值，叫作三极管的交流电流放大系数（也称动态电流放大系数），用 β 表示，即

$$\beta = \frac{\Delta I_C}{\Delta I_B} \tag{14-6}$$

β 值的大小与三极管的工作电流有关。当 I_C 很小（如几十微安）或很大（即接近 I_{cm}）时，β 值都比较小；但是当 I_C 在 1mA 以上相当大的范围内，小功率管的 β 值都比较大。通常三极管的 β 为 20~200。β 值太小，电流放大作用差；β 值太大，会使三极管的性能不稳定。在使用时应注意：β 值可经过计算后从输出特定曲线的放大区求得，也可从手册中查得。

（二）直流电流放大系数 $\bar{\beta}$

当 U_{ce} 为规定值时，集电极电流 I_C 与基极电流 I_B 之比值，叫作三极管的直流电流放大系数，用 $\bar{\beta}$ 表示，即

$$\bar{\beta} = \frac{I_C}{I_B} \tag{14-7}$$

由于 $\bar{\beta}$ 值与 β 值比较接近，且 $\bar{\beta}$ 便于测量，所以常用 $\bar{\beta}$ 的值来代替 β 值，并把 $\bar{\beta}$ 写成 β。

这样,式 14-7 可表示为:

$$I_C = \beta I_B \qquad (14\text{-}8)$$

又因为
$$I_E = I_C + I_B \qquad (14\text{-}9)$$

所以
$$I_E = I_C + I_B = (1+\beta)I_B \qquad (14\text{-}10)$$

可见,发射极电流 I_E 是基极电流 $(1+\beta)$ 倍,它清楚地表明了三极管的电流放大作用。

【例 14-2】 用万用表测得某放大电路中的三极管 $I_E = 10.2\text{mA}$,$I_C = 10\text{mA}$,求 I_B 和 β 值各为多少?

已知:$I_E = 10.2\text{mA}$,$I_C = 10\text{mA}$。

求:I_B,β

解:① 根据:$I_E = I_C + I_B$

得:$I_B = I_E - I_C$
$= 10.2 - 10$
$= 0.2\text{mA}$

② 根据:$I_C = \beta I_B$

得:$\beta = \dfrac{I_C}{I_B} = \dfrac{10}{0.2} = 50$

思考与练习

一、填空题

1. 在三极管中 I_E 与 I_B,I_C 的关系为_____,由于 I_B 的数值远远小于 I_C,如忽略 I_B,则 I_C _____I_E。

2. 三极管基极电流 I_B 的微小变化,将会引起_____极电流 I_C 的较大变化,这说明三极管具有_____作用。

3. 三极管电流放大的实质是以_____控制_____,并不是真正把微小的电流放大了。

4. 晶体三极管处于放大状态的外部条件是发射结_____、集电结_____。

二、判断题

1. 三极管的放大系数越小越好。 ( )
2. 三极管的电流放大系数越大越好。 ( )
3. 三极管只有工作在放大状态,$I_C = \beta I_B$ 才成立。 ( )
4. 三极管的 β 值不能太小,也不能太大,β 值太小,电流放大作用差,β 值太大,会使三极管的性能不稳定。 ( )
5. 晶体三极管具有电流放大作用。 ( )
6. 晶体三极管由两个 PN 结组成,所以可以用两只二极管构成三极管。 ( )
7. 三极管工作在放大状态的外部条件是发射结正向偏置,集电结反向偏置。 ( )

三、选择题

1. 三极管的集电极电流用( )表示。

A. N B. M C. I_C

2. 三极管的发射极电流用( )表示。

   A. X B. I_E C. Y

3. 三极管的基极电流用( )表示。

   A. I_B B. P C. Q

4. 三极管的( )作用是三极管最基本和最重要的特性。

   A. 电流放大   B. 电压放大   C. 功率放大

5. 三极管工作在放大状态时，I_B 与 I_C 的关系为( )。

   A. $I_C = I_B$ B. $I_C = \beta I_B$ C. $I_B = (1+\beta)I_C$

6. 对三极管的放大实质，下面说法正确的是( )。

   A. 三极管能把小能量放大成大能量

   B. 三极管可把小电流放大成大电流

   C. 三极管可用变化较小的电流去控制变化较大的电流

7. 三极管只有在( )时，才有电流放大作用。

   A. 截止状态   B. 放大状态   C. 饱和状态

8. 三极管的各极间电流满足 $I_C = \beta I_B$ 关系时，三极管工作在( )。

   A. 饱和区   B. 放大区   C. 截止区

9. 放大状态的三极管各极电位，如图14-5所示，该管的 b 极是( )。

图 14-5 习题图 1

   A. 12V   B. 3.7V   C. 3V

10. 如图14-6所示，三极管处于放大状态，发射结导通电压为0.7V，说明此管为( )管。

图 14-6 习题图 2

   A. 硅   B. 锗   C. 无法判断

四、计算题

1. 在图14-7中求 I_B。

图 14-7 习题图 3

2. 在图 14-8 中求三极管的 β 值。

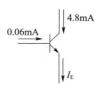

图 14-8　习题图 4

3. 在图 14-9 中求三极管的 I_E 值。

图 14-9　习题图 5

4. 用万用电表测得放大状态的三极管 $I_B = 0.2\text{mA}$、$I_C = 10\text{mA}$，求 β 值。

5. 已知某放大状态的晶体三极管的集电极电流为 3.6mA，基极电流为 0.06 mA，求三极管的电流放大系数。

6. 用万用电表测得三极管的 $I_B = 0.2\text{mA}$、$I_C = 10\text{mA}$，求 $I_E = ?$

7. 已知某晶体三极管的发射极电流 $I_E = 3.66\text{mA}$，基极电流 $I_B = 0.06$ mA，求集电极电流 I_C。

8. 已知晶体三极管处于放大状态，其 $I_B = 0.03\text{mA}$，$\beta = 120$，求 I_C 为多少？

五、简答题

1. 三极管的 β 值为什么不能太大也不能太小？

2. 三极管放大的实质是指什么？

3. 三极管处于放大状态的电路条件是什么？

4. 某三极管处于正常放大时，用万用表分别测得三个管脚的对地电位分别为 9V、0V 和 -0.3V，试判断三极管对应电极、类型和构成材料。

项目十五　三极管的开关特性认知

学习目标

完成本项目学习后，你应能：

1. 能够叙述三极管处于各种状态的电路条件；
2. 能够根据三极管各个电极上的电位值，判断三极管的工作状态；
3. 掌握"三极管截止时，c-e 间相当于断开的开关，饱和时，c-e 间相当于闭合的开关"；
4. 在三极管开关的实际应用电路中，能够写出控制电路及工作电路的路径，能够叙述电路中主要元件的作用。能够根据输入电压的高低分析三极管开关的工作原理；
5. 能够叙述反相器的特点。

建议学时

4 学时。

一、三极管的三种工作状态

三极管根据外电路条件的不同，有三种工作状态，即截止状态、放大状态和饱和状态。如果能有目的的控制加在三极管基极上的电压（或电流），就可以使三极管交替工作于饱和或截止状态，此时三极管就处于开关状态。

（一）截止状态

当发射结电压小于死区电压时，三极管就处于截止状态。截止区的特点是 $I_B = 0$，此时通过三极管集电极的电流很小，约为 0，这个电流叫穿透电流 I_{CEO}。此时三极管集电极与发射极之间相当于一个断开的开关。

三极管工作于截止状态的电路条件是：发射结零偏或反偏，集电结反偏，如图 15-1 所示。对于 NPN 型管 $U_c > U_b$，$U_e > U_b$；对于 PNP 型管 $U_b > U_c$，$U_b > U_e$。

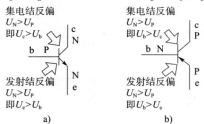

图 15-1　三极管工作于截止状态的电路条件
a) NPN 型管：$U_c > U_b$，$U_e > U_b$；b) PNP 型管：$U_b > U_c$，$U_b > U_e$

(二)放大状态

放大状态的特点是 I_c 受 I_b 控制,且随 I_b 成比例变化,即 $I_c = \beta I_b$。此时,三极管作为放大元件使用,集电极相当于一个受基极电流控制的恒流源。三极管工作于放大状态的电路条件是发射结正偏,集电结反偏,如图15-2所示。对于NPN型三极管 $U_c > U_b > U_e$;对于PNP型三极管 $U_c < U_b < U_e$。

(三)饱和状态

饱和状态的特点各电极电流均很大,集电极电流已达到最大值,当基极电流进一步增大时,集电极电流几乎不再增大(基极电流已无法控制集电极电流),$I_c < \beta I_b$,集-射极间的压降很小,三极管集电极与发射极之间相当于一个接通的开关。完全饱和时的管压降称为饱和压降,硅管约0.3V,锗管约0.1V。

三极管工作于饱和状态的电路条件是:发射结、集电结均正向偏置,如图15-3所示。对于NPN型管:$U_b > U_c$,$U_b > U_e$;对于PNP型管:$U_c > U_b$,$U_e > U_b$。

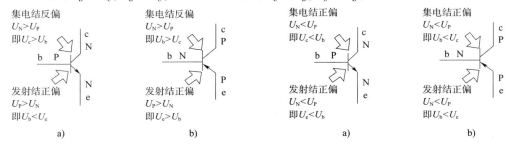

图15-2 三极管工作于放大状态的电路条件
a) NPN 型管:$U_c > U_b > U_e$;b) PNP 型管:$U_e > U_b > U_c$

图15-3 三极管工作于饱和状态的电路条件
a) NPN 型管:$U_c < U_b$,$U_e < U_b$;b) PNP 型管:$U_b < U_c$,$U_b < U_e$

三种工作状态都是三极管的正常工作状态。三极管作为放大使用时工作在放大状态,作为开关使用时工作在饱和状态和截止状态。三极管三种工作状态的电路条件及特征如表15-1所示。

三极管三种工作状态的电路条件及特征 表15-1

三极管状态	电路条件及各极电位	三极管特征	电 流 特 征
截止状态	发射结、集电结均反偏。 NPN:$U_c > U_b$,$U_e > U_b$ PNP:$U_b > U_c$,$U_b > U_e$	R_{ce}很大, 三极管c-e间相当于断开开关	$I_b = 0$;$I_c = 0$;$I_e = 0$ $I_e = I_b + I_c$ 没有电流放大作用
放大状态	发射结正偏,集电结反偏。 NPN:$U_c > U_b > U_e$ PNP:$U_c < U_b < U_e$	R_{ce}受 I_b 控制,I_b 越大 R_{ce} 越小; 三极管为电流放大元件	$I_c = \beta I_b$(I_b 控制 I_c) $I_e = I_b + I_C$ $I_e = (1 + \beta)I_b$ 有电流放大作用
饱和状态	发射结、集电结均正偏。 NPN:$U_b > U_c$,$U_b > U_e$ PNP:$U_c > U_b$,$U_e > U_b$	R_{ce}很小 三极管c-e间相当于闭合开关	I_b、I_c、I_e 均很大,I_b 已无法控制 I_c; $I_e = I_b + I_c$ $I_b > I_{bs} = U_{cc}/(\beta R_c)$ 即 $I_c < \beta I_b$ 没有电流放大作用

综上所述,根据三极管在工作时各个电极上的电位高低,就能判断此时三极管的工作状态。

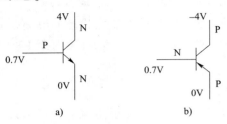

图 15-4 三极管工作状态判断

【例 15-1】 试根据图 15-4 中三极管各电极上的电位值,判别它的工作状态。

解:图 15-4a)中发射结 P 区电位高出 N 区 0.7V,为正向偏置;集电结 N 区电位高出 P 区 3.3V,为反向偏置。所以该管处于放大状态。

图 15-4b)中发射结 N 区电位高出 P 区 0.7V,为反向偏置;集电结 N 区电位高出 P 区 4.7V,为反向偏置。所以该管处于截止状态。

知识形象记忆法(扩展)

对三极管放大作用的理解,切记能量不会无缘无故的产生。所以三极管一定不会产生能量,它只是把电源的能量转换成信号的能量。但三极管厉害之处在于它可以通过小电流控制大电流。

假设三极管是个大坝,这个大坝奇怪的地方是有两个阀门,其中有一个大阀门和一个小阀门。小阀门可以用人力打开,大阀门很重,人力是打不开的,只能通过小阀门的水力打开。

所以,平常的工作流程便是,每当放水的时候,人们就打开小阀门,很小的水流涓涓流出,这涓涓细流冲击大阀门的开关,大阀门随之打开,汹涌的江水滔滔流下。

如果不停地改变小阀门开启的大小,那么大阀门也相应地不停改变,假若能严格地按比例改变,那么,就能完成完美的控制。

在这里,I_b 就是小水流,I_c 就是大水流,人就是输入信号。

如果水流处于可调节的状态,这种情况就是三极管中的线性放大状态。

如果那个小的阀门开启的还不够,不能打开大阀门,这种情况就是三极管的截止状态。

如果小的阀门开启的太大了,以至于大阀门里放出的水流已经到了它极限的流量,这种情况就是三极管的饱和状态。关小阀门的话,可以让三极管工作状态从饱和状态返回到线性放大状态。

如果水存在水库中,水位太高(相应与 U_{ce} 太大),导致不开阀门水就自己冲开了,这就是三极管的反向击穿。PN 结的击穿又有热击穿和电击穿。当反向电流和反向电压的乘积超过 PN 结容许的耗散功率,直至 PN 结过热而烧毁,这种现象就是热击穿。电击穿的过程是可逆的,当加在 PN 结两端的反向电压降低后,管子仍可以恢复原来的状态。

二、三极管的开关特性

通过前面的学习,掌握了三极管具有饱和、放大、截止三种工作状态。如果能有目的的控制加在三极管基极上的电压(或电流),就可以使三极管交替工作于饱和或截止状态,此时三极管就处于开关状态,可用图 15-5 的电路来加以验证。在图 15-5a)中,加在基极的电压是 3V,此时小电灯发亮;在图 15-5b)中加在基极的电压是 0,则此时小电灯不会亮。

由此可见三极管具有开关作用。下面通过图 15-6 所示的电路来进一步说明三极管开关的工作原理(假设电路中采用的三极管为硅管)。

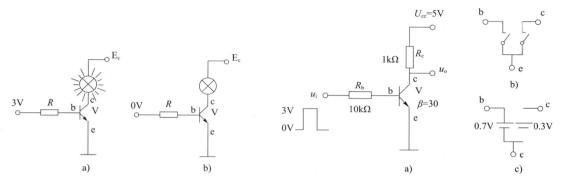

图 15-5 三极管开关电路　　　　图 15-6 三极管工作状态分析电路

(一)截止状态

截止状态,即三极管的基极加输入电压为 0 时的工作状态。由三极管的输入特性可知,当发射结电压 $U_{be} < 0.5$ 时,I_b 和 I_c 近似为零,三极管处于截止状态,相当于开关断开,如图 15-6b)所示。所以 $U_{be} < 0.5V$ 是三极管截止的条件。这时如果增大 U_{be},管子将进入放大状态,这时有 $I_c = \beta I_b$ 的关系。但 I_c 的最大值是:$I_c = U_{cc}/R_c$,此时对应的基极电流为

$$I_b = I_{bs} = U_{cc}/(\beta R_c)$$

这个状态称为临界饱和状态。

(二)饱和状态

当三极管进入临界饱和状态之后,再增加 I_b(即增加 U_i),此时 I_c 已不能增加,由三极管的输入、输出特性可知此时,$U_{be} = 0.7V$,$U_{ce} = U_{ces} < 0.3V$,如图 15-6c)所示,现在三极管相当于开关的闭合状态,三极管饱和的条件是:

$$I_b > I_{bs} = U_{cc}/(\beta R_c) \quad 即 \quad I_c < \beta I_b$$

这时 I_b 越大,三极管饱和程度就越深,抗干扰能力就越强。

三、三极管开关电路应用

(一)最简单的三极管开关电路

如图 15-7 所示是最简单的开关电路,电路用三极管基极电流 I_b 的通断控制集电极电流 I_c 的通断。

1. 电路有两个回路

(1)控制回路路径:电源 E 的正极—电阻 R_1—开关 SA—三极管 V_2 基极—三极管 V_2 发射极—接地—电源 E 的负极。

(2)工作回路路径:电源 E 的正极—电阻 R_2—发光二极管 V1—三极管 V_2 集电极—三极管 V_2 发射极—接地—电源 E 的负极。

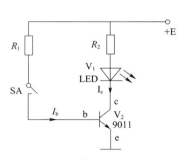

图 15-7 三极管开关电路

2. 电路中各元件的主要作用

（1）三极管 V_2 它在工作回路中起开关作用。

（2）电源 E 的作用有两个：一是为工作回路提供电能，二是为控制回路提供电能。

（3）电阻 R_1 的作用，开关 SA 闭合时，为三极管提供合适的基极电流，保证三极管工作在饱和状态。

（4）电阻 R_2 的作用，为三极管集电极提供合适的直流电位，此电路中也有限流作用。

（5）开关 SA，接通或关断三极管控制电流。

（6）发光二极管 V_1（LED）的作用，显示工作回路的通断，也可看作是工作回路的负载。

3. 工作原理

（1）开关 SA 闭合时，三极管控制回路接通，使三极管处于饱和状态，c 极和 e 极间相当于闭合的开关，工作回路接通，发光二极管亮。

（2）开关 SA 断开时，三极管控制回路不通，使三极管处于截止状态，c 极和 e 极间相当于断开的开关，工作回路不通，发光二极管灭。

（二）反相器

反相器是最基本的开关电路之一，如图 15-8 所示。

在图 15-8a）中，当三极管基极输入信号为低电平时，由于负电源 $-U_{bb}$ 的作用，使 $U_{be} < 0$，三极管发射结处于反向偏置，此时三极管截止，$I_c = 0$，$U_o = U_{cc}$，即输出高电平。

当三极管基极输入信号突变为高电平时，如果管子的参数 β 值和 R_c 的阻值选得适当，使：$I_b \geq I_{bs} = U_{cc}/(\beta R_c)$，就可使三极管进入饱和状态，若忽略三极管的饱和压降（$U_{ce} = 0.3V$），则有：$U_o \approx 0$。即输出低电平。

输入和输出的波形如图 15-8b）所示，从中可看出输入与输出的波形相位相反。这就是反相器的工作特点。利用这一特点，可以构成各种脉冲单元电路。

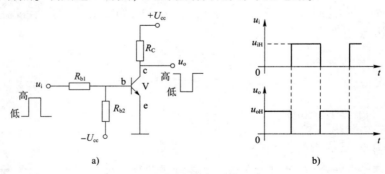

图 15-8　反相器的电路结构及波形图
a）反相器电路图；b）输入输出波形

思考与练习

一、填空题

1．三极管的工作状态有_____、_____和_____三种状态。

2．晶体三极管处于放大状态的外部条件是发射结_____、集电结_____。

3. 晶体三极管处于截止状态的外部条件是发射结_____、集电结_____。

4. 晶体三极管处于饱和状态的外部条件是发射结_____、集电结_____。

5. 三极管各极电位如图15-9所示,三极管是_____(NPN或PNP)型,三极管发射结P区电位_____V,N区电位_____V,P区电位_____(高于或低于)N区,为_____(正偏或反偏);集电结P区电位_____V,N区电位_____V,P区电位_____(高于或低于)N区,为_____(正偏或反偏),所以该管处于_____(饱和、截止或放大)状态。

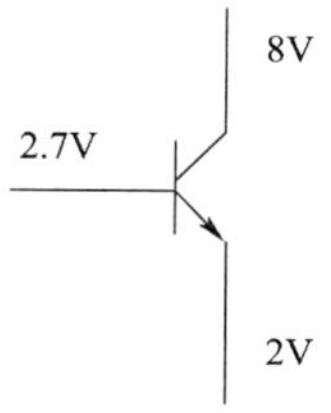

图 15-9　习题图 1

6. 三极管各极电位如图15-10所示,三极管是_____(NPN或PNP)型,三极管发射结P区电位_____V,N区电位_____V,P区电位_____(高于或低于)N区,为_____(正偏或反偏);集电结P区电位_____V,N区电位_____V,P区电位_____(高于或低于)N区,为_____(正偏或反偏),所以该管处于_____(饱和、截止或放大)状态。

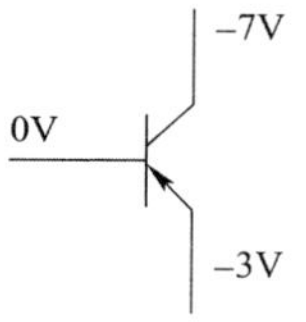

图 15-10　习题图 2

7. 当反相器的输入 U_i 为高电位时,输出 U_0 为_____(高或低)电位,输入 U_i 为低电位时,输出 U_0 为_____(高或低)电位,输入与输出_____(同相或反相)。

二、选择题

1. 三极管只有在(　　)时,才有电流放大作用。
    A. 截止状态　　　　　B. 放大状态　　　　　C. 饱和状态

2. 三极管处于饱和状态时,集电极与发射极之间相当于(　　)元件。
    A. 放大　　　　　　　B. 断开的开关　　　　C. 闭合的开关

3. 三极管处于截止状态时,集电极与发射极之间相当于(　　)元件。
    A. 放大　　　　　　　B. 断开的开关　　　　C. 闭合的开关

4. NPN 型三极管处于放大状态时,各极电压关系是(　　)。
    A. $U_c > U_b > U_e$　　B. $U_c < U_b < U_e$　　C. $U_c > U_b, U_e > U_b$

5. PNP 型三极管处于放大状态时,各极电压关系是(　　)。
    A. $U_c > U_b > U_e$　　B. $U_c < U_b < U_e$　　C. $U_c > U_b, U_e > U_b$

6. NPN 型三极管处于截止状态时,各极电压关系是(　　)。
    A. $U_c > U_b > U_e$　　B. $U_c < U_b < U_e$　　C. $U_c > U_b, U_e > U_b$

7. PNP 型三极管处于饱和状态时,各极电压关系是(　　)。

　　A. $U_c > U_b > U_e$　　　　B. $U_c < U_b < U_e$　　　　C. $U_c > U_b, U_e > U_b$

三、计算题

1. 三极管各极电位如图 15-11 所示,判断三极管的工作状态,并说明原因。

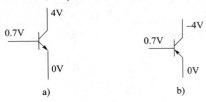

图 15-11　习题图 3

2. 三极管各极电位如图 15-12 所示,判断三极管的工作状态,并说明原因。

图 15-12　习题图 4

3. 三极管各极电位如图 15-13 所示,判断三极管的工作状态,并说明原因。

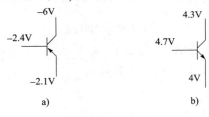

图 15-13　习题图 5

4. 三极管各极电位如图 15-14 所示,判断三极管的工作状态,并说明原因。

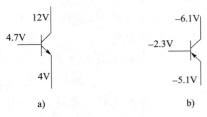

图 15-14　习题图 6

四、简答题

1. 三极管处于放大状态、截止状态和饱和状态的电路条件各是什么？

2. 已知开关电路如图 15-15 所示，完成下列各题。

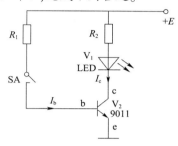

图 15-15　习题图 7

（1）写出开关电路的控制回路和工作回路路径。

（2）写出开关电路中电源 E、电阻 R_1、电阻 R_2、开关 SA、发光二极管 V_1 和三极管 V_2 的作用。

3. 根据图 15-16 所示反相器输入电压波形画出输出电压波形。

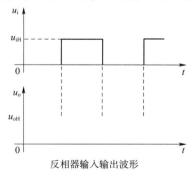

反相器输入输出波形

图 15-16　习题图 8

项目十六　整流电路认知

学习目标

完成本项目学习后,你应能:
1. 能够叙述直流稳压电源的组成和各部分的作用;
2. 能够叙述单相半波整流电路的组成和工作原理,能画出电路图及波形图;
3. 能够计算单相半波整流负载电压和电流;
4. 能够叙述单相桥式整流电路的组成和工作原理,能画出电路图及波形图;
5. 能够计算单相桥式整流负载电压和电流。

建议学时
4 学时。

许多电子设备都需要用直流电源供电。获得直流电源的方法较多,如干电池、蓄电池、直流发电机等,但比较经济实用的办法是通过整流稳压电路把交流电源变换成直流电源。

一、直流稳压电源的组成及二极管知识

(一) 直流稳压电源的组成

常用的直流稳压电源一般由电源变压器、整流电路、滤波电路和稳压电路组成,如图 16-1 所示。

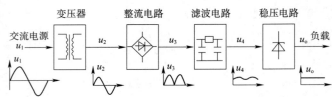

图 16-1　直流稳压电源的结构示意图

电源变压器也称整流变压器,它的作用是把 220V 电网电压变换成所需要的交流电压。整流电路是利用二极管的单向导电性将交流电变换成单向脉动的直流电。滤波电路的作用是将脉动电压中的脉动成分滤掉,使输出电压成为比较平滑的直流电压。稳压电路的作用是使输出的直流电压保持恒定。

(二) 二极管知识

1. 二极管的结构

二极管是由一个 PN 结加上相应的电极引线和管壳做成的,如图 16-2a)所示,从 P 区引

出的电极引线为正极(也称阳极),从 N 区引出的电极引线为负极(也称阴极),二极管的电路符号如图 16-2b)。

图 16-2 晶体二极管的结构和符号
a)内部结构;b)符号

2. 二极管的单向导电特性

二极管具有单向导电特性,即二极管正极接电源正极,二极管负极接电源负极,称二极管加正向电压,也叫正偏。如图 16-3a)所示,此时二极管导通,呈低阻性,灯亮。二极管正极接电源负极,二极管负极接电源正极,称二极管加反向电压,也叫反偏。如图 16-3b)所示,此时二极管截止,呈高阻性,灯不亮。

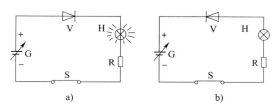

图 16-3 二极管单向导电性

3. 晶体二极管的分类

(1)按基片材料分类,可分为硅二极管和锗二极管。
①硅二极管:允许工作温度高,150℃ 以下,稳定性好,用于中大功率二极管;
②锗二极管:允许工作温度低,100℃ 以下,稳定性较差,用于小中功率。
(2)按结构分类(图 16-4),可分为点接触型、面接触型和平面型二极管。
①点接触型:电流小,频率高,用于收音机检波电路;
②面接触型:电流大,频率低,用于整流电路;
③平面型:往往用于集成电路制造中。PN 结面积可大可小,用于高频整流和开关电路中。

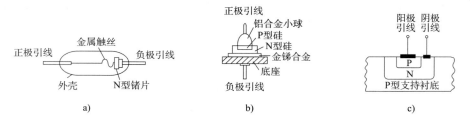

图 16-4 按结构二极管分为点接触型、面接触型和平面型
a)点接触型;b)面接触型;c)平面型

二、单相半波整流电路

整流电路的作用是将交流电压变换成单向脉动的直流电压,如图 16-5 所示。

图 16-5 整流电路的作用

(一) 电路的组成

图 16-6 是单相半波整流电路。它是最简单的整流电路,由整流变压器 T、二极管 V 及负载电阻 R_L 组成。各元器件的作用如下:

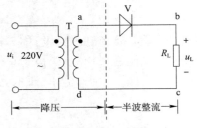

图 16-6 单向半波电路的组成

(1) 电源变压器 T:将 220V 交流电压变换为整流电路所要求的低压交流电压值。

(2) 整流二极管 V:利用二极管的单相导电性进行整流。

(3) 负载 R_L:是某一个具体的电子电路或其他性质的负载。

(二) 工作原理

为了突出主要问题,认为二极管均为理想二极管,即正向电阻为零,反向电阻无穷大,管压降为零,则变压器二次电压为:

$$u_2(t) = \sqrt{2}U_2\sin\omega t$$

单相半波整流电路工作原理如图 16-7 所示。当 u_2 为正半周时,二极管正向导通,则负载上的电压 u_L、流过负载的电流 i_L 和流过二极管的电流 i_V 分别为:

$$u_L = u_2$$
$$i_L = i_V = \frac{u_2}{R_L}$$

当 u_2 为负半周时,二极管反向截止,则负载上的电压 u_L、流过负载上的电流 i_L 和流过二极管的电流 i_V 分别为:

$$u_L = 0$$
$$i_L = i_V = 0$$

单相半波整流波形如图 16-8 所示。由于这种电路只在交流的半个周期才导通,也只有在正半周才是有电流流过负载,故称为单相半波整流电路。

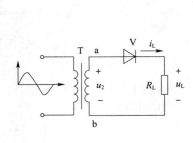

图 16-7 单相半波整流电路

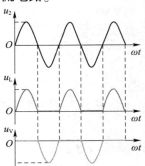

图 16-8 单相半波整流波形图

(三) 单相半波整流电路电压和电流计算公式

在一个周期内,用积分可推出整流输出电压的平均值 U_L:

$$U_L = \frac{1}{T}\int_0^{\frac{T}{2}} \sqrt{2}U_2\sin\omega t\, dt = \frac{\sqrt{2}}{\pi}U_2 = 0.45U_2 \quad (16\text{-}1)$$

流过负载的电流平均值 I_L:

$$I_L = \frac{U_L}{R_L} = 0.45\frac{U_2}{R_L} \quad (16\text{-}2)$$

流过二极管的正向电流平均值 I_V 等于流过负载的电流,即:

$$I_V = I_L \quad (16\text{-}3)$$

二极管截止时所承受的最大反向电压 U_{VM} 等于变压器二次侧电压的幅值,即:

$$U_{VM} = \sqrt{2}U_2 = 3.14U_L \quad (16\text{-}4)$$

半波整流电路的优点是结构简单,使用元件少。但是也存在明显的缺点:只利用了电源的半个周期,所以电源的利用率较低,而且输出电压脉动较大。故半波整流只用在对脉动要求不高,输出电流较小(几十毫安以下)的直流设备。

三、单相桥式整流电路

(一) 电路组成

为了克服半波整流的缺点,通常采用桥式整流电路。桥式整流的电路如图 16-9 所示,电路由整流变压器 T、四只二极管 $V_1 \sim V_4$ 及负载电阻 R_L 组成,采用了四只二极管,接成电桥式的形式。

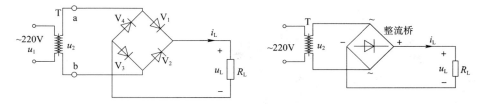

图 16-9 桥式整流电路及简化电路图

(二) 工作原理

当 U_2 为正半周(上正下负)时,V_1 和 V_3 正向导通,V_2 和 V_4 反向截止,此时电流路径为:a→V_1→R_L→V_3→b。当 U_2 为负半周(上负下正)时,V_1 和 V_3 反向截止,V_2 和 V_4 正向导通,此时电流路径为:b→V_2→R_L→V_4→a。

无论正半周还是负半周,流过负载的电流方向始终一致,其波形如图 16-10 所示。由此可见,桥式整流电路中,V_1、V_3 和 V_2、V_4 轮流导通,流过负载的是两个半波的电流,而且电流方向相同,故称为全波整流。从桥式整流的波形图可看出其输出直流电压的脉动程度比半波整流低。

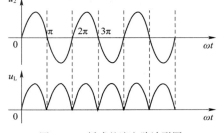

图 16-10 桥式整流电路波形图

(三) 单相桥式整流电路电压和电流计算公式

显然,单向桥式整流输出的直流电压为半波整流的二倍。两组二极管轮流工作,所以通过各个二极管的电流为负载电流的一半,有关计算公式如下。

负载两端的直流电压平均值 U_L:

$$U_L = 0.9 U_2 \tag{16-5}$$

流过负载的直流电流平均值 I_L:

$$I_L = \frac{U_L}{R_L} = 0.9 \frac{U_2}{R_L} \tag{16-6}$$

流过每只二极管的正向电流平均值 I_V:

$$I_V = \frac{1}{2} I_L \tag{16-7}$$

每个二极管承受的最大反向电压 U_{VM}:

$$U_{VM} = \sqrt{2} U_2 = 1.57 U_L \tag{16-8}$$

必须注意:桥式整流电路的四个二极管的正负极不能接反。交流电源和直流负载也不许接错。否则,可能发生电源短路,不仅烧坏整流管,甚至烧坏电源变压器。桥式整流电路的优点是电源利用率高,输出电压提高了一倍。流过每个管子的电流仅为输出电流的一半,有利于电路的保护。

将桥式整流电路的 4 只二极管制作在一起,封装成一个器件就成为整流桥。在许多电源电路中都会用整流桥构成整流电路。如图 16-11 所示是常见的单相整流桥,如图 16-12 所示是其电气符号。图中"~"端是交流电压接入引脚,"+""-"端是直流电压输出引脚。

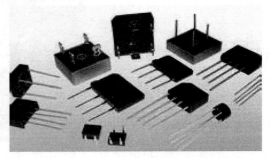

图 16-11 单相整流桥图

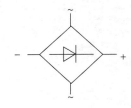

图 16-12 单相整流桥电气符号

单相整流电路只用三单相电线路中的一相电源,如果电流较大,将使三相负载严重不平衡,影响供电质量,故单相桥式整流电路仅适用于中、小功率的整流。大功率整流(几千瓦以上)一般采用三相整流电路。三相整流不仅可以做到三相电源的负载平衡,而且输出的直流电压脉动更小。

四、整流二极管的选择

在选择整流二极管时,最主要考虑的两个参数是最大整流电流 I_m 和最高反向工作电压 U_{Rm}。

(一)最大整流电流 I_m

二极管长期工作时,允许通过的最大正向平均电流叫作最大整流电流。选用二极管时,工作电流不能超过它的最大整流电流,以免烧坏。

(二)最高反向工作电压 U_{Rm}

二极管长期工作时,允许加到二极管两端的最高反向电压(峰值)叫作最高反向工作电压。通常取反向击穿电压值的 1/2 或 1/3。使用和选择二极管时,加在二极管上反向电压的峰值不允许超过这一数值,以保证二极管在使用中不致因反向电压过高而损坏。

一般选管根据二极管的电流 I_V 和二极管所承受的最大反向电压 U_{VM} 进行选择,即二极管的最大整流电流 $I_m \geq I_V$,二极管的反向工作峰电压 $U_{Rm} \geq 2U_{VM}$。

【例 16-1】 有一单相半波整流电路,已知负载电阻 $R_L = 750\Omega$,变压器二次电压 $U_2 = 20V$。试求 U_L,I_L 及 U_{VM},并选用二极管。

解:
$$U_L = 0.45U_2 = 0.45 \times 20 = 9(V)$$

$$I_L = \frac{U_L}{R_L} = \frac{9}{750} = 0.012 = 12(mA)$$

$$U_{VM} = \sqrt{2}U_2 = \sqrt{2} \times 20 = 28.2(V)$$

查附录,二极管选用 2AP4(16mA,50V)。为了使用安全,二极管的反向工作峰值电压 U_{Rm} 要选得比 U_{VM} 大一倍左右。

【例 16-2】 已知负载电阻 $R_L = 80\Omega$,负载电压 $U_L = 110V$。今采用单相桥式整流电路。请为该电路选用二极管。

解:负载电流:
$$I_L = \frac{U_L}{R_L} = \frac{110}{80} = 1.4(A)$$

每个二极管通过的平均电流:
$$I_V = \frac{1}{2}I_L = 0.7(A)$$

每个二极管承受的最大反向电压:
$$U_{VM} = \sqrt{2}U_2 = 1.57U_L = 1.57 \times 110 = 172.7(V)$$

因此可选用 2CZ11C 晶体二极管,其最大整流电流为 1A,反向工作峰值电压为 300V。

【例 16-3】 试分析图 16-9 所示桥式整流电路中的二极管 V_2 或 V_4 断开时负载电压的波形。如果 V_2 或 V_4 接反,后果如何?如果 V_2 或 V_4 击穿或短路,后果又如何?

解:当 V_2 或 V_4 断开后,电路为单相半波整流。正半周时,V_1 和 V_3 导通,负载中有电流过,负载电压 $U_L = U_2$;负半周时,V_1 和 V_3 截止,负载中无电流通过,负载两端无电压,$U_L = 0$。

如果 V_2 或 V_4 接反,则正半周时,二极管 V_1、V_2 或 V_3、V_4 导通,电流经 V_1、V_2 或 V_3、V_4 而造成电流短路,电流很大,因此变压器及 V_1、V_2 或 V_3、V_4 将被烧坏。

如果 V_2 或 V_4 因击穿烧坏而短路,则正半周时,情况与 V_2 或 V_4 接反类似,电源及 V_1 或 V_3 也将因电流过大而烧坏。

五、汽车用整流二极管

汽车硅整流发电机用二极管与其他二极管工作原理基本相同,但外形结构与一般二极管有所不同。汽车用整流二极管外形图如图 16-13 所示。

汽车硅整流发电机用硅整流二极管,其中一极为一个引出极,另一极为外壳,分正极二极管和负极二极管两种,正极二极管的引出端为正极,外壳为负极;负极二极管的引出端为负极,外壳为正极。为了便于识别,通常在正极二极管上涂有红点,负极二极管上涂有黑点,如图 16-14 所示。

图 16-13　汽车用整流二极管外形图　　图 16-14　汽车用整流二极管标记

三只正极二极管的外壳压装或焊在正元件板上,共同组成发电机的正极,成为发电机的"电枢"接线柱 B,三只负极二极管的外壳压装或焊在负元件板上,和发电机外壳一起,成为发电机的负极,安装示意图如图 16-15 所示。

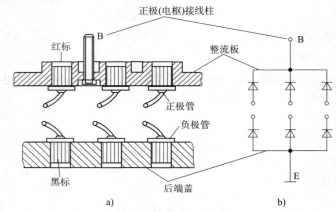

图 16-15　汽车整流二极管安装示意图
a) 整流二极管安装图;b) 整流二极管电路图

汽车整流器组件的外形分长方形、马蹄形、半圆形和圆形等多种,如图 16-16 所示。

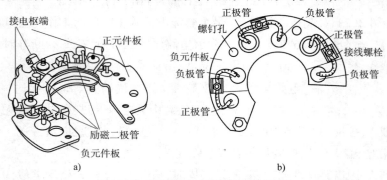

图 16-16　汽车发电机用整流器组件的形状
a) 焊装式;b) 压装式

思考与练习

一、填空题

1. 按基片材料分类,晶体二极管可分为锗二极管和_____二极管,汽车用整流二极管用_____二极管。

2. 按结构分类,二极管可分为点接触型、_____接触型和平面型,整流电路应选用_____接触型的二极管。

3. 使用整流二极管时,应考虑的主要参数有_____和_____。

4. 汽车用整流二极管可分为_____二极管和_____二极管,其中_____二极管引出端为正极,外壳为负极,_____二极管的引出端为负极,外壳为正极。

5. 整流是利用二极管的_____特性,将_____电变成_____电。

6. 在单向半波整流电路中,负载两端的电压 U_0 为变压器次级电压有效值 U_2 的_____倍。

7. 在单向桥式整流电路中,负载两端的电压 U_0 为变压器次级电压有效值 U_2 的_____倍。

8. 如图 16-17 所示为单相半整流电路及其电压波形,电路工作原理:当 U_2 为正半周(上正下负)时,二极管 V 处于正向_____(导通状态或截止状态),电流流过负载电阻 R_L,R_L 上的电压 U_L 与 U_2 的正半周基本相同;当 U_2 为负半周(上负下正)时,二极管 V 处于反向_____(导通状态或截止状态),没有电流流过负载电阻 R_L,R_L 两端电压 U_L 为零。由于二极管的单向导电作用,使负载电压 U_L 是单向的脉动直流电压。

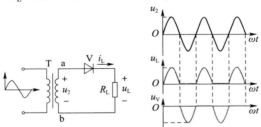

图 16-17 习题图 1

9. 如图 16-18 所示为桥式整流电路,其工作原理:当 U_2 为正半周(上正下负)时,二极管 V_1,V_3 正偏_____(导通或截止),V_2,V_4 反偏_____(导通或截止),电流由变压器 a 端流出,经 V_1,R_L,V_3 回到变压器的 b 端。当 U_2 为负半周(上负下正)时,二极管 V_2,V_4 正偏_____(导通或截止),V_1,V_3 反偏_____(导通或截止),电流由变压器 b 端流出,经 V_2,R_L,V_4 回到变压器的 a 端。

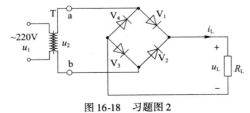

图 16-18 习题图 2

二、判断题

1. 点接触型二极管工作电流比面接触型二极管的大。（   ）
2. 二极管具有单向导电特性。（   ）
3. 选用二极管时,二极管的反向电压可以超过它的最高反向工作电压。（   ）
4. 选用二极管时,二极管的工作电流可以超过它的最大整流电流。（   ）
5. 为了便于识别汽车用整流二极管类型,通常在负极二极管上涂有红点,正极二极管上涂有黑点。（   ）
6. 单相半波整流电路中,流过二极管的平均电流 I_V 和负载电流 I_0 相等。（   ）
7. 单相桥式整流电路在输入交流电压的每半个周期内都有两只二极管导通。（   ）
8. 单相桥式整流电路中,流过四只二极管的平均电流相等,即 $I_{V1}=I_{V2}=I_{V3}=I_{V4}$。（   ）
9. 当单相桥式整流电路有两只二极管开路时,输出电压为零。（   ）

三、选择题

1. 下列符号中哪一个是二极管符号？（   ）

2. 下列电路中,灯会亮的电路是（   ）。

3. 整流电路的整流二极管应选用（   ）。
   A. 点接触型　　　　B. 面接触型　　　　C. 混合型

4. 汽车用整流正向二极管上涂有（   ）。
   A. 红点　　　　　　B. 白点　　　　　　C. 黄点

5. 汽车用整流负极二极管上涂有（   ）。
   A. 黑点　　　　　　B. 白点　　　　　　C. 黄点

6. 要将交流电转换成直流电,应采用的方法是（   ）。
   A. 稳压　　　　　　B. 滤波　　　　　　C. 整流

7. 下列电路中,为单相半波整流电路的是（   ）。

8. 单相半波整流电路中,一共用了（   ）只整流二极管。
   A. 1　　　　　　　 B. 8　　　　　　　 C. 6

9. 在单相半波整流电路中,负载两端电压 U_0 和变压器次级电压有效值 U_2 的关系是（   ）。
   A. $U_0=6U_2$　　　　B. $U_0=0.45U_2$　　　C. $U_0=8U_2$

10. 整流电路中,用（   ）表示变压器二次侧交流电压的有效值。
    A. U_2　　　　　　B. M　　　　　　　C. N

11. 整流电路中,用( )表示负载上的直流电压。
   A. X　　　　　　　　B. U_0　　　　　　　　C. Y

12. 下列波形中,( )表示单相半波整流电路的输入和输出波形。

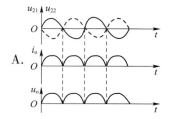
A.

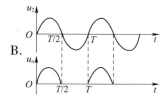
B.

13. 整流电路中,用( )表示负载上的直流电流。
   A. I　　　　　　　　B. V　　　　　　　　C. W

14. 某单相桥式整流电路,变压器次级电压为 U_2,当负载开路时,整流输出电压为( )。
   A. $10U_2$　　　　　　B. 0　　　　　　　　C. $0.9U_2$

15. 整流电路中,用( )表示整流二极管承受的最高反向电压。
   A. Y　　　　　　　　B. X　　　　　　　　C. U_{VM}

16. 单相桥式整流电路中,负载两端电压 U_0 为变压器次级电压有效值 U_2 的( )倍。
   A. 1　　　　　　　　B. 2　　　　　　　　C. 0.9

17. 单相桥式整流电路中,一共用了( )只整流二极管。
   A. 4　　　　　　　　B. 14　　　　　　　C. 24

18. 下列电路中,为单相桥式整流电路的是( )。

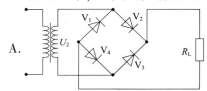
A.

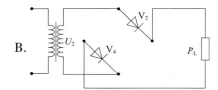
B.

四、计算题

1. 在如图 16-21 所示电路中,已知负载电阻 $R_L = 80\Omega$,其两端电压 $U_0 = 110V$,二极管 V 的压降忽略不计;求:流过二极管的电流 I_V 和变压器次级电压 U_2。

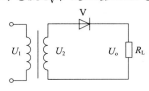

图 16-21　习题图 5

2. 在如图 16-22 所示电路中,已知负载电阻 $R_L = 3\Omega$,变压器次级电压 $U_2 = 10V$,二极管 V 的压降忽略不计;求:①负载电压 U_0;②负载电流 I_0;③流过每只二极管的平均电流 I_V;④二极管承受的反向电压 U_{VM}。

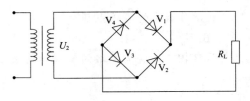

图 16-22　习题图 6

五、作图题

1. 把图 16-19 中几个元件连接起来构成一个单向半波整流电路。

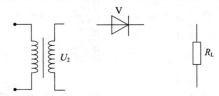

图 16-19　习题图 3

2. 把图 16-20 中几个元件连接起来构成一个单向桥式整流电路。

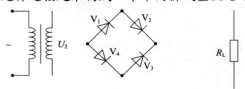

图 16-20　习题图 4

六、简答题

1. 简述单相半波整流电路的工作原理。

2. 简述单相桥式整流电路的工作原理。

项目十七 滤波电路认知

学习目标

完成本项目学习后,你应能:
1. 能够连接电容滤波电路,叙述其工作原理,能画出电容滤波的波形变化图;
2. 能够叙述电容滤波的特点;
3. 能够连接电感滤波电路,叙述其工作原理,能画出电感滤波的波形变化图;
4. 能够区分常见复式滤波电路图。

建议学时

4 学时。

整流电路虽然可以把交流电转换为直流电,但是它们的输出电压都含有较大的脉动程度,这远不能满足我们的需求。在大多数的电子设备中,整流电路中都要接滤波器,以改善输出电压的脉动程度,使输出电压更加平滑。滤波电路的作用是将脉动的直流电变成平滑的直流电,如图 17-1 所示。

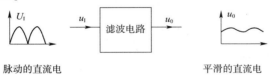

图 17-1 滤波电路的作用

电容和电感是基本的滤波元件,主要利用电容器两端电压不能突变和流过电感器的电流不能突变的特点,将电容器和负载电阻并联或将电感器与负载电阻串联,即可达到使输出波形平滑的目的。

一、电容滤波

(一)单相半波整流电容滤波电路组成

在半波整流之后的负载两端并联上滤波电容 C,就组成了半波整流电容滤波电路,如图 17-2 所示,负载两端电压等于电容器 C 两端电压,即 $U_L = U_C$。

(二)单相半波整流电容滤波工作原理

(1)当 $U_2 > U_C$ 时,二极管导通,电流分两路,一路对负载电阻提供电流,另一路对电容器充电,U_C 随 U_2 增加,$U_L = U_C$,如图 17-3 所示。

(2)当 $U_2 < U_C$ 时,二极管截止,电容 C 通过负载电阻放电,即电容 C 对负载电阻供电,U_C 按指数规律下降,$U_L = U_C$,如图 17-4 所示。

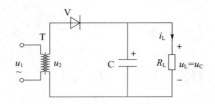
图17-2 单相半波整流电容滤波电路

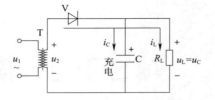
图17-3 U_2正半周电容充电

单相半波整流电容滤波电路波形如图17-5所示。二极管的正向导通电阻很小,所以电容充电很快,U_c紧随U_2升高。当R_L较大时,电容放电较慢,负载两端的电压慢慢下降,甚至几乎保持不变。因此,输出电压不仅脉动程度减小,其平均值也得到提高。

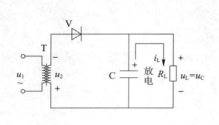
图17-4 U_2负半周电容放电

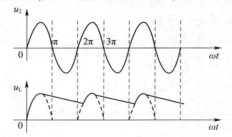
图17-5 单相半波整流电容滤波电路波形图

(三) 电容滤波特点

(1) 电容滤波后,输出的直流电压提高,同时输出电压的脉动成分降低。

$$U_L = U_2 (半波) \tag{17-1}$$

$$U_L = 1.2 U_2 (全波,桥式) \tag{17-2}$$

当负载R_L开路时,U_L达到U_2峰值。

(2) $R_L C$越大,输出电压波形越平滑。

在电容滤波电路中,时间常数:

$$\tau = R_L C \geq (3 \sim 5) \frac{T}{2} \tag{17-3}$$

其中T为交流电网电压的周期。一般滤波电容的电容值都比较大,达到几十微法至几千微法,故常选用电解电容器。在使用时一定要注意电容器的极性,不能接反。否则漏电电流非常大,甚至会引起电容器爆炸。还要注意滤波电容器的耐压值应大于输出电压的最大值,其耐压值一般取输出电压的最大值1.5倍左右。

(3) 滤波电容考虑的主要参数:电容值、极性、耐压值。

(4) 电容滤波适用于负载电阻较大、负载电流小并且变化不大的场合。

(5) 与无电容滤波比较,电容滤波电路的输出电压随负载电阻的变化有较大的变化,即外特性较差,或者说带负载能力较差。

(6) 整流二极管的导通时间缩短,导通电流增大。所以整流二极管在导电的短暂时间内,将流过很大的脉冲电流,为此在实际运用中,应选择I_F较大的整流二极管。一般选择:

$$I_F \geq (2 \sim 3)\frac{U_L}{R_L} \tag{17-4}$$

(7)在半波整流中,二极管的反向电压升高;在桥式整流中,二极管的反向电压不变。二极管截止时所承受的最高反向电压 U_{VM},见表 17-1。

二极管截止时所承受的最高反向电压　　　　表 17-1

电　路	无电容滤波	有电容滤波
单相半波整流	$U_{VM}=\sqrt{2}U_2$	$U_{VM}=2\sqrt{2}U_2$
单相桥式整流	$U_{VM}=\sqrt{2}U_2$	$U_{VM}=\sqrt{2}U_2$

电容滤波电路结构简单,使用方便,但是当要求输出电压的脉动程度非常小时,则要求电容器的容量很大,这样不但不经济,甚至是不可能实现的。当要求输出电流较大或输出电流变化较大时,电容滤波也不适用。

【例 17-1】 一单相桥式电容滤波整流电路,已知交流电源频率 $f=50$Hz,负载电阻 $R_L=200\Omega$,要求输出电压 $U_L=30$V。请为该电路选用整流二极管及滤波电容器。

解:(1)选择整流二极管

流过二极管的电流:

$$I_V = \frac{1}{2}I_L = \frac{1}{2} \times \frac{U_L}{R_L} = \frac{1}{2} \times \frac{30}{200} = 75(\text{mA})$$

由 $U_L=1.2U_2$ 得变压器二次侧电压为:

$$U_2 = \frac{U_L}{1.2} = \frac{30}{1.2} = 25(\text{V})$$

二极管所承受的最高反向电压:

$$U_{VM} = \sqrt{2}U_2 = \sqrt{2} \times 25 = 35(\text{V})$$

因此可选用二极管 2CP11(100mA,50V)。

(2)选择滤波电容器

由 $R_L C = 5 \times \frac{T}{2}$ 得:

$$C = \frac{5T}{2R_L} = 250(\mu\text{F})$$

选用 $C=250\mu$F,耐压为 50V 的极性电容器。

二、电感滤波

电感滤波电路如图 17-6 所示,滤波电感 L 与负载电阻 R_L 串联,利用通过电感的电流不能突变的特性来实现滤波。当电感电流增大时,电感产生的自感电动势阻止电流的增加;而电流减小时,自感电动势则阻止电流的减小。因此当脉动电流从电感线圈中通过时,将会变得平滑。不仅如此,当负载变化引起输出电流变化时,电感线圈也能抑制负载电流的变化。单相桥式整流电感滤波波形,如图 17-7 所示。电感滤波适用于一些大功率整流设备和负载电流变化大的场合。

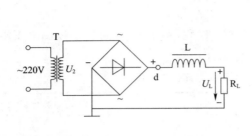
图17-6 单相桥式整流电感滤波电路

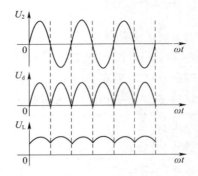
图17-7 单相桥式整流电感滤波波形

显然,L越大,滤波效果越好。但电感量较大时(几亨至几十亨),电感器的铁芯粗大笨重、线圈匝数较多,成本较高。因此,在小型电子设备中很少采用电感滤波。

三、复式滤波

为了进一步提高滤波效果,可用电容和电感组成复式滤波器。常见的有 LC 滤波(图17-8)、LC-π 型滤波电路(图17-9)或 RC-π 型滤波电路(图17-10)。

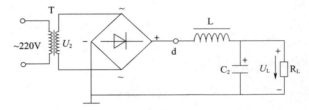
图17-8 LC 滤波电路

如图17-8所示的 LC 滤波中,电容与负载 R_L 并联后,再与电感 L 串联,一般电容量 C 较大,输出电压的脉动成分将比仅由电容或电感滤波时要小。

根据经验,输出的直流电压 $U_L = 0.9U_2$。

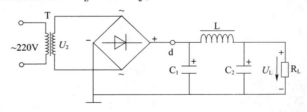
图17-9 LC-π 型滤波电路

如图17-9所示,LC-π 型滤波的原理如下:

含有脉动成分的直流电先经过电容 C_1 的第一级滤波,使整流输出电压的脉动成分降低,再利用电感对交变电流的阻碍作用,进一步降低电压的脉动程度,最后经过 C_2 的滤波作用,负载即可得到脉动程度很小的直流电。LC-π 型滤波电路采用了多个滤波元件,所以滤波效果非常好。如果需要大电流输出,或输出电流变化范围较大,可采用 LC-π 型滤波。

但是在 LC-π 型滤波电路中,电感线圈的体积大而笨重,成本又高,所以有时候用电阻代替 LC-π 型滤波电路中的电感线圈,这样就构成了 RC-π 型滤波电路(图17-10)。虽然电阻本身并无滤波作用,但是当它和电容配合之后,就使脉动电压的交流较多地降落在电阻两端,而较少地降落在负载上,从而起到了滤波的作用。R 越大,滤波效果越好。但 R 太大,将使电流压降增加,所以这种滤波电路主要适用于负载电流较小而又要求输出电压脉动极小的场合。

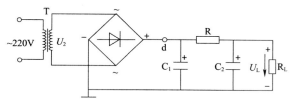

图 17-10　RC-π 型滤波电路

四、有源滤波

上述电感、电容和电阻所组成的无源滤波器,对于小功率或较大电流和较高电压的大功率电源设备均可使用,但其体积和重量一般较大。在小型电子设备中,为了减小电源体积,减轻设备重量,均可采用有源器件组成的有源滤波器。

五、滤波电路总结

滤波通常是利用电容或电感的能量存储功能来实现的。常用滤波电路的结构如图 17-11 所示。

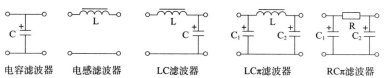

图 17-11　常用滤波电路的结构

思考与练习

一、填空题

1. 滤波电路的作用是将_____的直流电变成_____的直流电。
2. 滤波电容和负载_____联,滤波电感和负载_____联。
3. 在单向半波整流电容滤波电路中,负载两端的电压 U_0 为变压器次级电压有效值 U_2 的_____倍。在单向全波整流电容滤波电路中,负载两端的电压 U_0 为变压器次级电压有效值 U_2 的_____倍。

二、判断题

1. 滤波电路一般是接在整流电路和负载之间。　　　　　　　　　　　　（　　）
2. 电容滤波效果一定比电感滤波效果好。　　　　　　　　　　　　　　（　　）
3. 电容滤波电路中,电容 C 与负载 R_L 值越大,则滤波效果越好。　　　（　　）
4. 电感滤波是一种并联滤波,即滤波电感直接和负载并联。　　　　　　（　　）
5. 接上滤波电容后,整流后输出的直流电压降低。　　　　　　　　　　（　　）

6. 在负载电流较小的情况下,常选用电感滤波。 （　）
7. 在负载电流较大的情况下,常选用电容滤波。 （　）
8. 在单相半波或全波整流电路中,加不加滤波电容,二极管所承受的最大反向工作电压一样。 （　）
9. 电容滤波是一种串联滤波,即滤波电容直接和负载串联。 （　）

三、选择题

1. 下列符号中哪一个是电容符号？（　）
   A. R_1 　　　　B. L 　　　　C. C

2. 下列符号中哪一个是电感符号？（　）
   A. V 　　　　B. L 　　　　C. V

3. 在电子电路中常用下列符号中哪一个表示负载电阻？（　）
   A. R 　　　　B. FU 　　　　C. R_L

4. 要将脉动的直流电转换成平滑的直流电,应采用的方法是（　）。
   A. 稳压 　　　　B. 滤波 　　　　C. 整流

5. 要将交流电转换成脉动的直流电,应采用的方法是（　）。
   A. 稳压 　　　　B. 滤波 　　　　C. 整流

6. 要使输出给负载的直流电压保持恒定,应采用的方法是（　）。
   A. 稳压 　　　　B. 滤波 　　　　C. 整流

7. 电源电路中常用（　）表示负载上的直流电压。
   A. X 　　　　B. U_L 　　　　C. Y

8. 电源电路中常用（　）表示负载上的直流电流。
   A. I_L 　　　　B. V 　　　　C. W

9. 某单相桥式整流电容滤波电路,变压器次级电压为 U_2,当负载开路时,整流输出电压为（　）。
   A. $1.2U_2$ 　　　　B. 0 　　　　C. $0.9U_2$

10. 在滤波电路中,滤波电容应和负载（　）。
    A. 串联 　　　　B. 并联 　　　　C. 混联

11. 接上滤波电容的整流电路,比没有滤波的整流电路输出的直流电压（　）。
    A. 提高 　　　　B. 降低 　　　　C. 不变

12. 接上电容滤波的整流电路,与没有滤波的整流电路二极管的导通时间相比（　）。
    A. 缩短 　　　　B. 增长 　　　　C. 不变

13. 在电感滤波电路中,滤波电感应和负载（　）。
    A. 串联 　　　　B. 并联 　　　　C. 混联

14. 下面电路中,能起滤波作用的电路是（　）。

四、根据要求作图

1. 把图 17-12 中几个元件连接起来构成一个单向半波整流电容滤波电路。

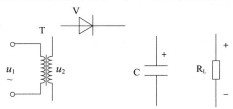

图 17-12　习题图 1

2. 把图 17-13 中几个元件连接起来构成一个单向桥式整流电感滤波电路。

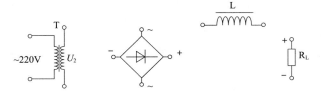

图 17-13　习题图 2

五、简答题

1. 简述单相半波整流电容滤波电路的工作原理。

2. 简述电容滤波的主要特征。

3. 简述单相桥式整流电感滤波电路的工作原理。

项目十八 稳压电路认知

学习目标

完成本项目学习后,你应能:
1. 掌握稳压二极管的特性;
2. 能够看图连接硅稳压管稳压电路,叙述其工作原理;
3. 能掌握 W7800 和 W7900 系列集成稳压器的输入端、输出端和公共端位置;
4. 能够看图连接三端集成稳压电路。

建议学时
4 学时。

经整流和滤波后的电压往往会随交流电源电压的波动和负载的变化而变化。电压的不稳定有时会产生测量和计算的误差,引起控制装置的工作不稳定,甚至根本无法正常工作。特别是精密电子测量仪器、自动控制、计算装置及晶闸管的触发电路等都要求有很稳定的直流电流供电,因此,还需采用稳压电路。稳压电路(稳压器)是为电路或负载提供稳定的输出电压的一种电子设备,稳压电路的作用如图 18-1 所示。

图 18-1 稳压电路的作用

稳压电路的输出电压大小基本上与电网电压、负载及环境温度的变化无关。理想的稳压器是输出阻抗为零的恒压源。实际上,它是内阻很小的电压源。其内阻越小,稳压性能越好。稳压电路是整个电子系统的一个组成部分,也可以是一个独立的电子部件。

一、稳压二极管

稳压二极管是一种具有稳压作用的特殊二极管。它的外形与普通二极管基本相同,电路符号及外形如图 18-2 所示。

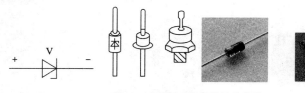

图 18-2 稳压二极管符号及外形

稳压二极管与普通二极管一样，也是由一个 PN 结构成，不同的是制造工艺上有所差别，工作区域不同。当稳压管两端加反向电压，且小于反向击穿电压时，只有极小的漏电流通过稳压管。当反向电压达到某一电压 U_v 时，稳压二极管反向击穿导通，电流急剧增加，但稳压管两端电压几乎不变。可利用它的反向击穿电流变化很大而反向击穿电压基本不变的特性，达到稳压的目的。

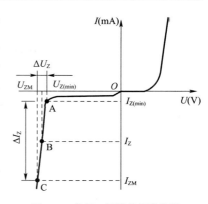

图 18-3 稳压二极管的特形曲线

如图 18-3 所示为稳压二极管的工作特性曲线。由此图可以看出：

（1）稳压二极管的正向特性与普通二极管相同，呈导通状态。

（2）反向特性曲线比普通二极管陡峭。

在反向电压较小时，稳压二极管只有极其微小的反相电流呈截止状态。当反向电压达到某一数值 U_z 时，稳压二极管突然导通，电压即使增加很少，也会引起较大电流。这种现象称为击穿，U_z 叫击穿电压（即稳压管的稳定电压）。在反向击穿区，稳压二极管的电流在很大范围内变化，稳压二极管两端的电压却基本不变，这正是稳压二极管的特别之处（普通二极管在反向击穿区会损坏），此时只要流过稳压二极管的电流不超过规定值，稳压二极管就不会被损坏。

稳压二极管是在反向击穿状态下工作，所以把它接到电路中时，应该反接，即稳压二极管的正极应接被稳定电压的负极，稳压管的负极应接被稳定电压的正极。稳压二极管和普通二极管的比较，见表 18-1。

稳压二极管和普通二极管比较　　　　表 18-1

二极管种类	普通二极管	稳压二极管
相同点	（1）稳压二极管外形与普通二极管基本相同； （2）都是由一个 PN 结构成； （3）稳压二极管的正向特性与普通二极管基本相同	
不同点	符号：	符号：
	不具有稳压作用	具有稳压作用
	在反向击穿区会损坏	工作在反向击穿区，接到电路中时，应该反接
	反向特性曲线没有稳压二极管陡峭	反向特性曲线比普通二极管陡峭

二、硅稳压管稳压电路

图 18-4 是硅稳压管稳压电路。经过桥式整流和电容滤波得到的脉动直流电，再经过限流电阻和稳压二极管组成的稳压电路接到负载电阻 R_L 上，这样负载电阻 R_L 上便得到一个比较稳定的电压了。其稳压原理如下：

（1）输入电压 U_I 不变，当负载电阻 R_L 减小时，流过负载电阻的电流 I_L 将增大，限流电阻 R 上的电流 I 也将增大，则 R 两端电压 $U_R = IR$ 也增大。因输入电压 U_I 不变，所以输出电压

$U_L = U_I - IR$ 减小;当加在稳压管两端的电压减小时,流过稳压管的电流会明显减少,使限流电阻 R 上的电流 I 减小,则 R 两端电压 $U_R = IR$ 也减小,从而使得输出电压 $U_L = U_I - IR$ 保持不变,其稳压过程可表示如下:

$$R_L \downarrow \to I_L \uparrow \to IR \uparrow \to U_L \downarrow \to I_Z \downarrow \to I \downarrow \to IR \downarrow \to U_L \uparrow$$

当 R_L 增大时,上述的调节过程正好相反,同样能保持负载上的电压 U_L 基本不变。

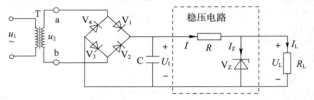

图 18-4 硅稳压管稳压电路

(2)负载电阻 R_L 不变,当 U_I 升高时,U_L 也升高,必然引起流过稳压管电流 I_Z 的显著增大,则限流电阻 R 上的电流 I 也将增大,则 R 两端电压 $U_R = IR$ 也增大,以抵消由 U_I 的升高而带来的输出电压的增加,从而使负载电压 U_L 近似保持不变。此稳压过程可表示为:

$$U_I \uparrow \to U_L \uparrow \to I_Z \uparrow \to I \uparrow \to U_R \uparrow \to U_L \downarrow$$

当 U_I 降低时,必然引起 I_Z 减小,进而引起 I 的减少,从而使 U_L 上升,最终使输出电压 U_L 近似不变。

不论输入电压 U_I 改变,还是负载电阻 R_L 改变,都要引起稳压管电流 I_Z 的变化,再通过限流电阻 R 上的电压变化来维持输出电压 U_L 近似不变。因此这种稳压电路的稳压过程不仅与稳压管有关,而且和限流电阻 R 的大小有关。在选择稳压电路元件时,一般应注意以下三点:

①稳压管的稳压值应该等于输出电压的值,即 $U_Z = U_L$,表 18-2 列出了部分稳压管稳压值。

②稳压管的最大稳定电流应该等于最大输出电流的 2~3 倍。

③动态电阻尽可能小。

常用稳压管的型号及稳压值　　　表 18-2

型号	IN4728	IN4729	IN4730	IN4731	IN4732	IN4733	IN4736	IN4737
稳压值(V)	3.3	3.6	3.9	4.3	4.7	5.1	6.8	7.5

硅稳压管稳压电路结构简单,在负载电流变动较小时,稳压效果较好。但其输出电压只能等于稳压管的稳定电压,允许电流变化的幅度也受到稳压管稳定电流的限制。因此这种电路只适用于功率较小和负载电流变化不大的场合。

三、串联型稳压电路

串联型稳压电路是一个反馈调节系统,包含有取样电路、基准电压电路、比较放大电路和调整电路四部分组成,如图 18-5 所示。

在稳压电路的主回路中,调整管 V_1 与负载 R_L 串联,所以称之为串联型稳压电路,V_2 是比较放大管,R_1、R_P 和 R_2 串联接在输出端,构成取样电路,而由限流电阻 R_Z 于稳压管 V_Z 组成的稳压电路直接接在比较放大管 V_2 的发射极上,它的稳压原理如下:

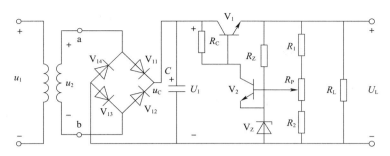

图 18-5 串联型稳压电路

当输出电压 U_L 升高时,取样电压增大,V_2 管的基极电位升高,但 V_2 管发射极电位经过稳压,V_2 的基极与发射极之间电压 U_{BE2} 增大,V_2 管的导通程度增强,其基极电流 I_{BE2} 增大,从而使 V_2 的集电极电流 I_{C2} 增大,则 V_2 的集电极电位 U_{C2} 降低,而调整管 V_1 因基极电位降低,使其导通程度下降,其基极电流 I_{BE1} 减小,V_1 的集电极电流也减小,使得其集射电压增大,输出电压减小。当输出电压降低时,调整过程正好相反。

在稳压电路的工作过程中,要求调整三极管始终处于放大状态。通过调整管的电子流等于负载电流,因此必须选用适当的大功率管做调整管,并安装散热装置。为了防止短路或长期过载烧坏调整管,在直流稳压器中一般还设有短路保护和过载保护等环节。

四、集成稳压器

随着集成工艺的发展,稳压电路也制成了集成器件。它具有体积小、重量轻、使用方便、运行可靠和价格低等一系列优点,因而得到广泛应用。目前集成稳压电源的规格种类繁多,最简单的是三端集成稳压电路,主要元件是三端集成稳压器(图 18-6)。它只有三个引线端:输入端(一般与整流滤波电路输出端相连)、输出端(与负载相连)和公共搭铁端。组成三端集成稳压器的所有元件都集成在一块芯片上,使用和安装很方便。只要按需要选定型号,再配上适当的散热片,就可接成稳压电路。

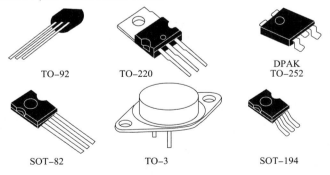

图 18-6 三端集成稳压器

集成稳压器有 W7800(正电压输出,如图 18-7 所示)和 W7900(负电压输出,如图 18-8 所示)系列,其中 W7800 可提供 1.5A 电流和输出为 5V、6V、9V、12V、15V、18V、24V、等各种档次的稳定电压。输出电压值由型号中的后两位数字表示。例如,W7805 表示输出电压为 +5V,W7912 表示输出电压为 -12V。在保证充分散热的条件下,输出电流有 0.1A、0.5A 和 1.5A 三个档次。使用三端集成稳压器,应注意区分输入端与输出端。假若接错使调整管的发射结承受过高的反向电压而击穿。同时还应注意散热,如果散热不良,稳压器内部的过热保护装置会使稳压器终止工作。

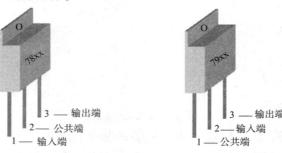

图 18-7　W7800 系列稳压器外形　　图 18-8　W7900 系列稳压器外形

集成稳压基本应用电路中(图 18-9),C_1、C_2 为高频旁路电容,一般情况下,可以不接 C_1,但当三端集成稳压电路远离整流滤波电路时,应接入一个 0.33μF 的电容,以抑制纹波。

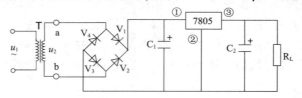

图 18-9　7805 基本应用电路

三端可调输出集成稳压电路中(图 18-10),调节电位器 R_2 可使 7805 的公共端对地浮动,从而实现电源电压的调节。

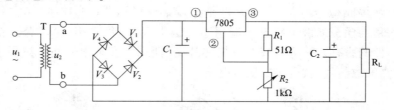

图 18-10　三端可调输出集成稳压电路

思考与练习

一、填空题

1. 当二极管外加反向电压超过一定数值后,反向电流突然猛增,此时称二极管_____,所对应的电压称为_____电压。
2. 稳压电路是为电路或负载提供_____的输出电压的一种电子设备。
3. 使用稳压二极管时,它的正极必须接电源的_____极,负极必须接电源的_____极。
4. 稳压管反向击穿后,电流变化_____,但其两端电压变化_____,利用此特性,稳压管在电路中可起稳压作用。
5. 硅稳压管稳压电路是由_____和_____组成。

160

6. 如图 18-11 所示是三端集成稳压器外形,在 W7805[图 a)]中:①是_____端;②是_____端;③是_____端。在 W7912[图 b)]中:①是_____端;②是_____端;③是_____端。

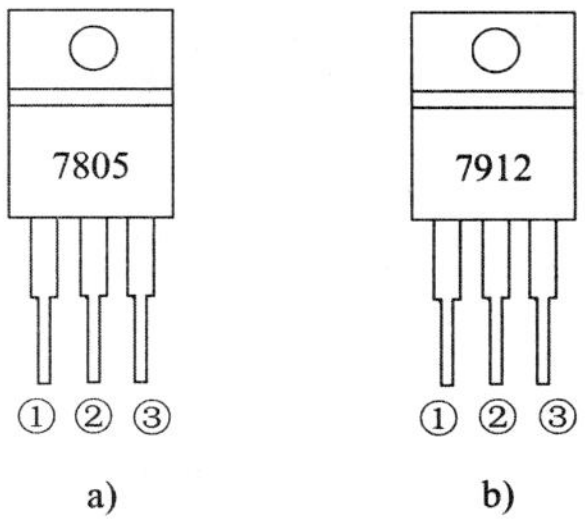

图 18-11 习题图 1

7. 集成稳压器有 W7800(正电压输出)和 W7900(负电压输出)系列,输出电压值由型号中的后两位数字表示。例如,W7805 表示输出电压为_____V,W7912 表示输出电压为_____V。

二、判断题

1. 稳压二极管是一种具有稳压作用的特殊二极管。　　　　　　　　　　　　(　　)
2. 稳压二极管不是由 PN 结构组成的。　　　　　　　　　　　　　　　　　(　　)
3. 稳压二极管的正向特性与普通二极管基本相同。　　　　　　　　　　　　(　　)
4. 稳压二极管是工作在反向击穿状态。　　　　　　　　　　　　　　　　　(　　)
5. 硅稳压管稳压电路主要是利用硅稳压管元件工作在正向击穿时的特点。　　(　　)
6. 稳压电路一般接在滤波电路和负载之间。　　　　　　　　　　　　　　　(　　)
7. 稳压管的稳压值应该等于输出电压的值,即 $U_Z = U_L$。　　　　　　　　(　　)

三、选择题

1. 在稳压电路中,稳压二极管应(　　)。
   A. 正接　　　　B. 反接　　　　C. 正接反接均可
2. 要使输出的直流电压保持恒定,应采用的方法是(　　)。
   A. 稳压　　　　B. 滤波　　　　C. 整流
3. 下列符号中哪一个是稳压二极管符号?(　　)
   A. 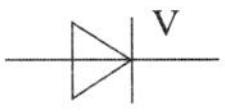 ─▷│─V　　　B. 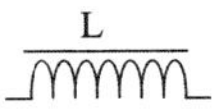 ─▭▭▭─L　　　C. 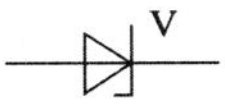 ─▷│─V
4. 在电子电路中常用下列符号中哪一个表示负载电阻?(　　)
   A. 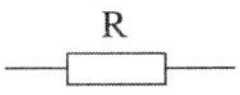 ─▭─R　　　B.  ─▭─FU　　　C. 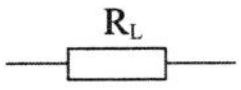 ─▭─R_L
5. 电源电路中常用(　　)表示负载上的直流电压。
   A. X　　　　B. U_L　　　　C. Y
6. 电源电路中常用(　　)表示负载上的直流电流。
   A. I_L　　　　B. V　　　　C. W
7. 稳压二极管是一种具有(　　)的特殊二极管。
   A. 开关作用　　B. 稳压作用　　C. 放大作用

四、作图题

1. 画出稳压二极管的符号并标出正、负极。

2. 把图 18-12 中几个元件连接起来，构成一个硅稳压管稳压电路。

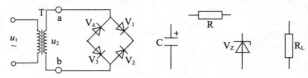

图 18-12　习题图 2

3. 把图 18-13 中几个元件连接起来构成一个三端集成稳压电路。

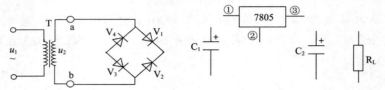

图 18-13　习题图 3

4. 把图 18-14 中几个元件连接起来，构成一个三端可调输出集成稳压电路。

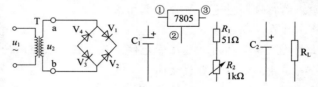

图 18-14　习题图 4

五、简答题

1. 简述稳压二极管和普通二极管的异同点。

2. 简述硅稳压管稳压电路的工作原理。

参 考 文 献

［1］任成尧.汽车电工与电子基础［M］.3版.北京:人民交通出版社,2014.
［2］翟秀军.汽车电工电子技术［M］.北京:北京邮电大学出版社,2014.
［3］周国庆.电工与电子技术基础［M］.北京:中国劳动社会保障出版社,2004.
［4］方立友.汽车电工电子技术［M］.南京:江苏科学技术出版社,2010.
［5］刘全忠,刘艳莉.电子技术［M］.北京:高等教育出版社,2013.
［6］秦曾煌.电工学［M］.北京:高等教育出版社,2009.
［7］王佩珠.电路与模拟电子技术［M］.南京:南京大学出版社,1994.